Workbook/Laboratory Manual

to accompany **Kaleidoskop:**

Kultur, Literatur

und Grammatik

Barbara Beckman-Sharon,
University of Puget Sound

Jack Moeller,
Oakland University

Helmut Liedloff,
Southern Illinois University

Houghton Mifflin Company • Boston

Dallas   Geneva, Illinois   Hopewell, New Jersey   Palo Alto

Acknowledgments

The authors and publisher would like to thank the following persons:
Professor Michael Ressler, Boston College (Chestnut Hill, Massachusetts)
for his in-depth review of a portion of the manuscript; Dr. H. Thompsen
and Dr. ML South for their creative ideas on *Bildergeschichten*; Cather-
ine Epstein, Brown University (Providence, Rhode Island) for her invalu-
able help in preparing the manuscript.

Printed in the U.S.A.

ISBN: 0-395-32721-0

Library of Congress Catalog Card Number: 82-82508

Preface

The workbook/lab manual to accompany *Kaleidoskop: Kultur, Literatur und Grammatik* is designed to help students improve their writing skills in German and reinforce their listening comprehension skills. This book, containing 144 pages, is divided into three main sections: *Übungen zum Hörverständnis, Übungen zum schriftlichen Ausdruck,* and *Übungen zur Grammatik.* The exercises and activities in the listening comprehension and writing skills sections correlate with the reading material, chapter by chapter, in the twelve *Themen* of the student text. The grammar section correlates with each of the twelve *Kapitel.*

The listening comprehension exercises in the lab manual (*Übungen zum Hörverständnis*) are based on the readings in each *Thema* or on new aural material created especially for the tape program. All the readings in the text are recorded, and each one is followed by one or more listening comprehension exercises that include true/false responses, dictations, listening for key ideas, and questions on content. In general, students respond to taped material by circling correct answers or writing short answers. Answers are included in the *Tapescript and Answer Key* (a separate component).

The second section (*Übungen zum schriftlichen Ausdruck*) provides students with guided practice in improving their writing skills in German. Initially, the exercises help students improve their writing of sentences. Gradually, the exercises focus on building sentences into paragraphs and longer writings such as descriptions, letters, essays, and other types of narratives. The workbook also provides exercises to reinforce the active vocabulary that is introduced in the *Themen.*

The grammar exercises (*Übungen zur Grammatik*) in the final section of the workbook/lab manual consist of supplementary grammar exercises to complement those in the text. The workbook grammar exercises, like the text exercises, are based on situations and reinforce the text's basic vocabulary of 1,000 high frequency words.

Permissions and Credits

The authors and editors would like to thank the following authors and publishers for granting permission to use copy-righted material.

Bairisch (Sample of dialect). Used by permission of Dr. Wolfgang Teubert, Institut für deutsche Sprache, Mannheim.

Frauen. Informationen. Tips und Ideen zum Nachschlagen und Weitersagen. 7. Auflage. Reprinted by permission of Presse- und Informationsamt der Bundesregierung, Bonn © 1982.

Geest-Mundart (Sample of dialect). „Uns Herrgott un de Dööster." Reprinted by permission of Verlag der Fehrs-Gilde, Hamburg. — Vocal version by permission of Prof. Dr. Peter Martens, Universität Hamburg, Hamburg.

Gratis-Lernmotivationstest. Reprinted by permission of ifs Ulbrich GmbH, Hamburg.

König, Hartmut. „Sag mir, wo du stehst" from *Deutsches Volkslied der Geschichte und Gegenwart.* Reprinted by permission of Harth Musik Verlag, Leipzig © 1980.

Ludwig, Volker and Heymann, Birger. „Wer sagt, daß Mädchen dümmer sind" from *Grips Liederbuch.* Reprinted by permission of Verlag Heinrich Ellermann, München © 1978.

Matter, Mani. „Alls wo mir i d' Finger chunt—Ds Zündhölzli" from *Us emene lääre Gyechaschte.* Used by permission of Benziger Verlag, Zürich, Köln © 1969.

Plauen, E.O. „Hoffnungsloser Fall" and „Grenzen der Malerei" from *Vater und Sohn.* © Südverlag Konstanz mit Genehmigung der Gesellschaft für Verlagswerte GmbH, Kreuzlingen/ Schweiz.

Plenzat, Karl. „Zogen einst fünf wilde Schwäne." Reprinted by permission of Friedrich Hofmeister Musikverlag, Hofheim/Taunus.

Scala Jugendmagazin. Adaptation of article in October 1980 issue, p. 17. Reprinted by permission of Scala, Frankfurt a/M © 1980.

„Das Selbstbild der Deutschen" from *Deutschland. Daten und Fakten zum Nachschlagen.* Reprinted by permission of Bertelsmann Lexikothek Verlag, München © 1975.

Steinbach, F. Christian. Poem from *The History and Tales of Nutcrackers from Old Germany, Your Collectors' Items.* Reprinted by permission of F. Christian Steinbach, Hohenhameln.

VIP-Partner-Testbogen. Reprinted by permission of J.W. Pollitz Werbung, Hamburg.

Art

Cover art by Betsy Hacker.

Illustrations by Deborah Shotwell.

Table of Contents

Übungen zur Grammatik

Übungen zum Hörverständnis

Thema 1 Die lebendige Sprache

A. Richtig oder falsch? Sie hören jetzt sechs Aussagen zu dem Lesestück („Du oder Sie?"). Schreiben Sie R, wenn die Aussage richtig ist! Schreiben Sie F, wenn sie falsch ist! Sie hören jeden Satz zweimal.

1. _____   3. _____   5. _____

2. _____   4. _____   6. _____

B. Richtig oder falsch? Sie hören jetzt fünf Aussagen zu Peter Bichsels Geschichte „Ein Tisch ist ein Tisch." Schreiben Sie R, wenn die Aussage richtig ist! Schreiben Sie F, wenn sie falsch ist! Sie hören jeden Satz zweimal.

1. _____   3. _____   5. _____

2. _____   4. _____

C. Typisch deutsch? Sie sehen vier Bilder zum Leben in den deutschsprachigen Ländern. Zu jedem Bild hören Sie zwei Sätze. Kreuzen Sie den Buchstaben des richtigen Satzes an! Sie hören jeden Satz zweimal.

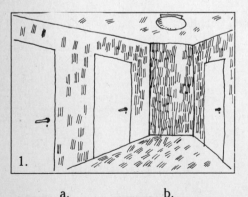

_____ a.   _____ b.   _____ a.   _____ b.

_____ a. _____ b. _____ a. _____ b.

D. Ein Interview. Sie hören jetzt ein Gespräch, das mit dem Lesestück „Du oder Sie?" zusammenhängt. In diesem Gespräch hören Sie drei Stimmen: Dieter Meyer —Journalist, Doris Schulz—deutsche Studentin und Christian Altmann—deutscher Student. Sie sehen sechs Fragen zum Gespräch. Für jede Frage lesen Sie drei Entgegnungen (*responses*). Kreuzen Sie die beste Entgegnung an!

1. Wer sind Doris Schulz und ihr Freund Christian?
   a. Sie sind Journalisten für *Die Zeit.*
   b. Sie sind junge Deutsche.
   c. Sie sind deutsche Lehrer.
2. Was meint Doris zur Frage der Kommunikation?
   a. Die Kommunikation wäre viel leichter mit dem Sie.
   b. Die Kommunikation wäre viel leichter mit dem Du.
   c. Die Kommunikation wäre viel schwieriger mit dem Du.
3. Wer, meint Doris, findet das Duzen passend?
   a. Studenten
   b. Erwachsene
   c. Journalisten
4. Warum meint Christian, daß die Sie-Form heute noch wichtig ist?
   a. Sie ist unpassend.
   b. Sie hat eine lange Tradition.
   c. Sie ist steif und förmlich.
5. Was ist Christians Zwischenform?
   a. Man duzt sich und gebraucht Nachnamen.
   b. Man siezt sich und gebraucht Nachnamen.
   c. Man siezt sich und gebraucht Vornamen.
6. Was wird der Journalist machen?
   a. Er wird alle siezen.
   b. Er wird alle duzen.
   c. Er weiß wirklich nicht, was er machen soll.

Thema 2   Stereotypen

A. Richtig oder falsch? Sie hören jetzt fünf Aussagen zu dem Lesestück („Vorurteile unerwünscht"). Schreiben Sie R, wenn die Aussage richtig ist! Schreiben Sie F, wenn sie falsch ist! Sie hören jeden Satz zweimal.

1. _____   3. _____   5. _____

2. _____   4. _____

B. Ein Diktat: Selbstbild der Deutschen.   Sie sehen eine Tabelle. Sie zeigt, was einige Deutsche von sich selbst halten. Ergänzen (*complete*) Sie diese Tabelle mit den Adjektiv-Paaren, die Sie auf dem Tonband hören! In die linke Reihe schreiben Sie das erste Adjektiv des Paares; in die rechte Reihe schreiben Sie das zweite. Sie hören jedes Adjektiv-Paar zweimal.

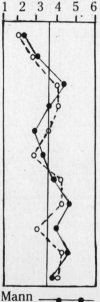

Polaritätsprofil

1 2 3 4 5 6

1. _____   _____

2. _____   _____

3. _____   _____

4. _____   _____

5. _____   _____

6. _____   _____

7. _____   _____

8. _____   _____

9. _____   _____

10. _____   _____

11. _____   _____

Mann ——•——•——
Frau – –○– –○–

C. Ein Diktat: Meinungsverschiedenheiten. Sie und Ihr Freund haben an der Universität Mainz studiert. Ihre Meinungen über die Stadt und die Leute gehen auseinander (*differ*). Jetzt sehen Sie einen Absatz (*paragraph*) über diese Meinungsverschiedenheiten. Ergänzen Sie den Text mit den Wörtern, die Sie auf dem Tonband hören! Sie hören den Absatz zweimal.

Als _____ _____ ich die Stadt sehr _____, aber Robert

_____ sie _____. Er _____, die Leute in Mainz und

sogar alle Deutschen wären sehr _____ und _____.

„_____ aber gar nicht! Deine _____ sind unfair und falsch!"

_____ ich, und _____ den Kopf. Ich _____, die

Deutschen sind _____ und _____. Robert _____

dagegen, daß die ganze Atmosphäre in Mainz _____ ist. Ich aber

_____, sie ist _____ und höchst _____.

D. Richtig oder falsch? Sie hören jetzt fünf Aussagen zu Schnitzlers Geschichte „Die grüne Krawatte". Schreiben Sie R, wenn die Aussage richtig ist! Schreiben Sie F, wenn sie falsch ist! Sie hören jeden Satz zweimal.

1. _____   2. _____   3. _____   4. _____   5. _____

E. Der deutsche Umlaut. Sie hören jetzt 24 Wörter. Sie hören jedes Wort zweimal. Nach dem ersten Mal wiederholen Sie das Wort! Nach dem zweiten Mal schreiben Sie das Wort auf! (Ergänzen Sie zuerst Reihe 1 von links nach rechts, dann Reihe 2, usw.)

_____ 1. _____ _____ _____ _____

_____ 2. _____ _____ _____ _____

_____ 3. _____ _____ _____ _____

_____ 4. _____ _____ _____ _____

_____ 5. _____ _____ _____ _____

_____ 6. _____ _____ _____ _____

Within each numbered row above, the umlauted vowels are the same. For each row, identify the umlauted vowel in the blank to the left of the row. The possibilities are: long [ä]; long [ö]; long [ü]; short [ä]; short [ö]; short [ü]. (Remember that long and short [ä] are for most Germans equivalent to long and short [e].)

© 1983 by Houghton Mifflin Co.

NAME _____ DATE _____

Thema 3 Gleichberechtigung

A. Richtig oder falsch?   Sie hören jetzt fünf Aussagen zu dem Lesestück („Wer die Wahl hat, hat die Qual"). Schreiben Sie R, wenn die Aussage richtig ist, und F, wenn sie falsch ist! Sie hören jeden Satz zweimal.

1. _____   3. _____   5. _____

2. _____   4. _____

B. Fragen zur Geschichte.   Sie hören jetzt vier Fragen zu Wondratscheks Geschichte „Mittagspause". Nach jeder Frage hören Sie drei Entgegnungen. Kreuzen Sie die beste Entgegnung an! Sie hören jede Frage zweimal.

1. _____ a. _____ b. _____ c.   3. _____ a. _____ b. _____ c.

2. _____ a. _____ b. _____ c.   4. _____ a. _____ b. _____ c.

C. Ein Interview.   Der Journalist Dieter Meyer ist wieder bei der Arbeit. In diesem Interview hören Sie drei Stimmen: Dieter Meyer—Journalist, Doris Schulz—Studentin und Christian Altmann—Student. Sie hören das Gespräch zweimal.

Sie lesen vier Fragen zum Gespräch, und für jede Frage sehen Sie drei Entgegnungen. Kreuzen Sie die beste Entgegnung an! Im Interview hören Sie einige neue Wörter:

die Umfrage	opinion poll	**Rouladen** (*pl.*)	meat rolls
wählen	to choose	**Erbsen** (*pl.*)	peas
das Stimmrecht	right to vote	**Mixpickles** (*pl.*)	mixed pickles
gegründet	founded		

1. Worüber macht Dieter Meyer eine Umfrage?
   a. Über die Geschichte der deutschen Universitäten.
   b. Über die Geschichte der Gleichberechtigung.
   c. Über die Geschichte der neuen Zwischenform.

2. Seit wann dürfen Frauen an deutschen Universitäten studieren?
   a. Seit 1901.
   b. Seit 1386.
   c. Seit 1801.

© 1983 by Houghton Mifflin Co.

3. Welches Recht haben deutsche Frauen seit 1919?
   a. Das Recht, an deutschen Universitäten zu studieren.
   b. Das Recht, einen Beruf zu wählen.
   c. Das Stimmrecht.

4. Herr Meyer wollte wissen, wieviel Männer ihren berufstät╴ ╴ ╴auen im
   Haushalt helfen. Was hat er bei einer früheren Umfrag╴ ╴ ╴den?
   a. 50% der Männer kochen für die Familie.
   b. 6% der Männer kochen für die Familie.
   c. 25% der Männer kochen für die Familie.

Thema 4   Partnerschaft

A. Richtig oder falsch?   Sie hören jetzt sechs Aussagen zu dem Lesestück
(„Hausmann sein"). Schreiben Sie R, wenn die Aussage richtig ist! Schreiben Sie F,
wenn sie falsch ist! Sie hören jeden Satz zweimal.

1. _____   3. _____   5. _____

2. _____   4. _____   6. _____

B. Ein Diktat: Willis Hausmannsjob.   Professor Klausen beschreibt seinen ersten
Vormittag als Hausmann. Ergänzen Sie seine Beschreibung mit den Wörtern, die Sie
auf dem Tonband hören! Sie hören den Absatz zweimal.

Um halb fünf mußte ich mich _____ machen. Ich stand auf, zog mir

_____ an und machte meiner Frau _____.

_____ mußte ich das Geschirr _____. Das war eine

_____ Arbeit! Ich muß meine Spülzeit _____! Dann

zog ich mir schnell _____ _____ _____ an. Nachher hatte

ich _____ genug Zeit, zum Supermarkt zu gehen. Von da fuhr ich direkt

_____. Ein Bekannter an der Uni war _____,

als er mich mit meinem _____, _____

_____ sah. „Na", sagte er, „Hausmann zu sein wäre absolut

_____!" _____ brauche ich jetzt

_____, _____ und ein paar gute _____!

C. Fragen zur Geschichte.   Sie hören jetzt drei Fragen zu Wohmanns Geschichte
„Ein netter Kerl". Nach jeder Frage hören Sie drei Entgegnungen. Kreuzen Sie die
beste Entgegnung an! Sie hören jede Frage zweimal.

1. _____ a. _____ b. _____ c.   3. _____ a. _____ b. _____ c.

2. _____ a. _____ b. _____ c.

D. Wortschatzübung: Synonyma.   Weiter unten lesen Sie fünf Sätze. Für jeden
Satz hören Sie zwei fast gleiche Sätze, aber nur ein Satz in jedem Satzpaar hat
dieselbe Bedeutung wie der Satz in Ihrem Übungsbuch. Kreuzen Sie diesen
synonymen Satz an! Sie hören jedes Satzpaar zweimal.

1. Sie machen Ernst damit. _____ a. _____ b.

2. Das haben wir kürzlich gemacht. _____ a. _____ b.

3. Ich habe viel von meinen Eltern gekriegt. _____ a. _____ b.

4. Ich habe neulich ein Auto gekauft. _____ a. _____ b.

5. Das ist ein öffentliches Gebäude. _____ a. _____ b.

Thema 5 Neue Volksliteratur

A. Richtig oder falsch? Sie hören jetzt vier Aussagen zu dem Lesestück („Gesungen und gefiedelt"). Schreiben Sie R, wenn die Aussage richtig ist! Schreiben Sie F, wenn sie falsch ist! Sie hören jeden Satz zweimal.

1. _____ 2. _____ 3. _____ 4. _____

B. Volkslied: „Zogen einst fünf wilde Schwäne". Jetzt hören Sie eine kurze mündliche Besprechung des Volkslieds „Zogen einst fünf wilde Schwäne". Nach der Besprechung wird das Lied gesungen. Dann hören Sie fünf Fragen über die Besprechung des Liedes. In der Besprechung hören Sie sechs neue Wörter:

Litauen	Lithuania	**die Birken** (*pl.*)	birch trees	**Brautkränze** (*pl.*)	bridal wreaths
stammen	to originate	**die Blüte**	bloom	**die Variante**	variation

Nun hören Sie das Lied.

Zogen einst fünf wilde Schwäne

swans
shining
happened

Zo-gen einst fünf wil-de Schwä- ne, Schwä-ne

leuch-tend° weiß und schön. Sing, sing, was ge-schah?

Kei-ner ward mehr ge - se - hen. Ja! sehn.

Wuchsen einst fünf junge Birken
schön und schlank am Bachesrand°.
Sing, sing, was geschah?
Keine in Blüten stand. Ja!

stream's bank

Zogen einst fünf junge Burschen°	fellows
stolz und kühn° zum Kampf° hinaus.	boldly / battle
Sing, sing, was geschah?	
Keiner kehrt° nach Haus. Ja!	returns

Wuchsen einst fünf junge Mädchen	
schön und schlank am Memelstrand°.	shore of river Memel
Sing, sing, was geschah?	
Keins den Brautkranz wand°. Ja!	made

Jetzt hören Sie fünf Aussagen zu dem Lied und der Besprechung. Schreiben Sie R, wenn die Aussage richtig ist! Schreiben Sie F, wenn sie falsch ist! Sie hören jeden Satz zweimal.

1. _____   4. _____

2. _____   5. _____

3. _____

C. Jugendlied aus der DDR: „Sag mir, wo du stehst". Jetzt hören Sie eine kurze mündliche Besprechung des Liedes „Sag mir, wo du stehst". Nach der Besprechung wird das Lied gesungen. Dann hören Sie fünf Fragen über die Besprechung.

In der Besprechung hören Sie fünf neue Wörter:

Singeklubs (*pl.*)	singing clubs
fördern	to promote
Patriotismus	patriotism
gesellschaftlicher Fortschritt	social progress
deutlich	clearly

Nun hören Sie das Lied.

Sag mir, wo du stehst!

Sag mir, wo du stehst, sag mir, wo du stehst,

sag mir, wo du stehst und wel-chen Weg du gehst!

1. Zu - rück o-der vorwärts, du mußt dich ent-schließen! Wir

bringen die Zeit nach vorn Stück um Stück. Du

kannst nicht bei uns und bei ih-nen ge - nießen, denn

wenn du im Kreis gehst, dann bleibst du zu - rück.

Wir haben ein Recht darauf, dich zu erkennen,
auch nickende° Masken nützen° uns nicht.
Ich will beim richtigen Namen dich nennen.
Und darum zeig mir dein wahres Gesicht!
Sag mir, wo du stehst, sag mir, wo du stehst,
sag mir, wo du stehst—und welchen Weg du gehst!

Jetzt hören Sie fünf Aussagen zu dem Lied und der Besprechung. Schreiben Sie R, wenn die Aussage richtig ist! Schreiben Sie F, wenn sie falsch ist! Sie hören jeden Satz zweimal.

1. _____   3. _____   5. _____

2. _____   4. _____

D. Das Volkslied und der Dialekt.   In den siebziger Jahren haben junge Leute in Deutschland das Volkslied wiederentdeckt (*discovered*). Mit dem Interesse am Volkslied wuchs auch das Interesse am Dialekt, denn Dialekt ist die Sprache des Volkes. Sie hören drei Beispiele von Dialekt: Alemannisch (Bern, Schweiz), Bairisch (München) und Holsteinisches Platt (Hamburg). Beachten Sie (*notice*) Unterschiede im Rhythmus (*rhythm*) und Tonfall (*intonation*). Sie hören eine hochdeutsche Version nach jedem Dialektbeispiel. Sie sollen nichts wiederholen. Hören Sie nur gut zu!

Erstes Beispiel: Alemannisch

Berner Chanson, Mani Matter: „Alls wo mir i d' Finger chunt—Ds Zündhölzli"

i han es zündhölzli azündt
und das het e flamme gäh
und i ha füür d'zigarette
welle füür vom hölzli näh
aber ds hölzli isch dervo-
gspickt und uf e teppich cho
und es hätt no fasches loch
i teppich gäh dervo

ja me weis was cha passiere
we me nid ufpasst mit füür
und für d'gluett ar zigarette
isch e teppich doch de z'tüür
und vom teppich hätt o grus
chönne ds für i ds ganze hus
und wär weis was da nit alles
no wär wurde drus

's hätt e brand gäh im quartier
und s'hätti füürwehr müesse cho
hätti ghornet i de strasse
und dr schluuch vom wage gno
und si hätte wasser gsprützt
und das hätt de glych nüt gnützt
und die ganzi stadt hätt brönnt
es hätt si nüt meh gschützt

und d'lüt wären umegsprunge
i dr angscht um hab und guet
hätte gmeint s'heig eine füür gleit
hätte ds sturmgwehr gno ir wuet
alls hätt brüelet: wär isch tschuld?
ds ganze land i ein tumult
dass me gschosse hätt
uf d'bundesrät am rednerpult

d'uno hätt interveniert
und d'uno-gägner sofort o
für ir schwyz dr fride z'rette
wäre beid mit panzer cho
s'hätt sech usdehnt natina
uf europa afrika
s'hätt e wältchrieg gäh und
d'mönschheit wär jitz nümme da

i han es zündhölzli azündt
und das het e flamme gäh
und i ha füür d'zigarette
welle füür vom hölzli näh
aber ds hölzli isch dervo-
gspickt und uf e teppich cho—
gottseidank dass i's vom teppich
wider furt ha gno.

Nun hören Sie das Lied auf hochdeutsch.
„Alles, was mir zwischen die Finger gerät—Das Streichholz"

Ich habe ein Streichholz angezündet
und es hat eine Flamme gegeben
und ich wollte für die Zigarette
Feuer vom Hölzchen nehmen
aber das Streichholz ist weggesprungen
und auf den Teppich gefallen
und es hätte beinahe ein Loch
im Teppich davon gegeben.

Ja, man weiß, was kann passieren
wenn man nicht aufpaßt, mit dem Feuer
und für die Glut der Zigarette
ist der Teppich doch zu teuer
und vom Teppich hätte—entsetzlich
das Feuer das ganze Haus erfassen können
und wer weiß, was da nicht alles
wäre daraus geworden.

Es hätte einen Brand im Viertel gegeben
und es hätte die Feuerwehr müssen kommen
und sie hätte auf der Straße gehupt
und die Schläuche vom Wagen genommen
und sie hätte Wasser gespritzt
und das hätte doch nichts genützt
und die ganze Stadt hätte gebrannt
es hätte sie nichts mehr geschützt.

Und die Leute wären herumgelaufen
in Angst um Hab und Gut
hätten gemeint, einer habe Feuer gelegt
hätten die Flinte genommen in der Wut
alle hätten geschrien: wer ist Schuld?
das ganze Land in Aufruhr
man hätte geschossen
auf die Bundesräte am Rednerpult.

Die UNO hätte sich eingeschaltet
und die UNO-Gegner sofort auch
um in der Schweiz den Frieden zu retten
wären beide mit Panzern gekommen
dies hätte sich mit der Zeit ausgedehnt
auf Europa, Afrika
es hätte einen Weltkrieg gegeben und
die Menschheit wäre jetzt nicht mehr da.

Ich habe ein Streichholz angezündet
und es hat eine Flamme gegeben
und ich wollte für die Zigarette
Feuer vom Hölzchen nehmen
aber das Streichholz ist weggesprungen
und auf den Teppich gefallen
Gottseidank, daß ich es vom Teppich
wieder fortgenommen habe.

Zweites Beispiel: Bairisch

Ein Münchner Bub, der längere Zeit am Chiemsee gelebt hat, erzählt von einem Ausflug.

„Ja, da kon i vui davo erzäin. Da samma-r-amoi im Somma, am Ferienanfang wars, mit drei andere Buam, mit unsan Pfarra, ins Gebirg auffigstiegn, bein Hochgern da hintn und bei dee Oipn da vorn—und dee hot a Oim ghabt, und dann, so in da Früah uma sieme samma weggat, wei, mir hamma vui Zeit ghabt und uma viere sowas samma nachara elendn Kraxlerei—d'Knia hama uns aufghaut ghabt—obmat okemma. Na hamma hoit so guate Buttabrot ghabt vo dee Küah, ganz frisch!"

Nun hören Sie das Stück auf hochdeutsch.

Na ja, da kann ich viel davon erzählen. Da sind wir einmal im Sommer, am Ferienanfang war's, mit drei anderen Buben, mit unserem Pfarrer ins Gebirge hinaufgestiegen, beim Hochgern da hinten und bei den Alpen da vorn. Und die hat eine Alm gehabt. Und dann so in der Früh um sieben sind wir weggegangen, weil wir viel Zeit hatten und so etwa um vier sind wir nach einer elenden Kraxelei, die Knie haben wir uns aufgehauen, oben angekommen. Nachher, da haben wir halt so gute Butterbrote gehabt, von den Kühen, ganz frisch.

Drittes Beispiel: Holsteinisches Platt

Ein sogenanntes Märchen, aufgezeichnet von Wilhelm Wisser in Ost-Holstein.
Uns Herrgott un de Dööster

1. Uns Herrgott un de Dööster, de sünd mal tosamen op de Reis
2. wes(t). Un do nehmt de Lüü(d), de ehr begegent, ümmer
3. de Mütz vör ehr af.
4. Do seggt de Böös, wenn he alleen is, denn nimmt nüms de
5. Mütz af.
6. „Ja", seggt uns Herrgott, „du schußt man mal wat Godes doon,
7. denn nöhmen s' vör di uk de Mütz af!"
8. „Nee", seggt de Dübel, „wenn ick uk wat Godes do, dat hölpt
9. doch nix! Denn menen se doch all, du harrst dat daan,
10. un denn säänn se doch blooß: Gott sei Dank! Aber passeert
11. is(d)o(r) al wat Leegs, —is ganz egaal: ick krieg
12. ümmer de Schuld, wenn ick dat uk go(r)ni(ch) daan heff.
13. Un denn flöökt se ümmer vun Düvel un Kraam."
14. „Oh, oh", seggt uns Herrgott, dat bild't he sick wull man in.
15. Nu gaht se je wieder. Un do steiht dor 'n Koh an 'n Graben.
16. De Mann, de ehr hödd hett, de is 'n beten lang gahn west.

17. Do seggt de Dööster to unsen Herrgott, nu köönt se dat ja mal
18. versöken. He—de Herrgott—schall de Koh man mal in 'n Graben
19. stöten. Denn kriggt he dat je sülben to sehn, wat dor passiert.
20. Na, uns Herrgott stött je de Koh in 'n Graben, un(d)o ver-
21. steekt se sick denn achter 'n Knick.
22. As de Mann nu wedder trüch kümmt, un sien Koh liggt in 'n
23. Graben, do warrt he ja schimpen un schandeern, wokeen ehr dor
24. rinstött hett, un denn flöökt he vun Dübel un all so 'n Kraam.
25. „Sühst du wull", seggt de Dübel, „nu hest du ehr rinstött,
26. un ick krieg de Schuld!" Nu löppt de Mann je hen to Dörp un will Hölp halen,
27. dat he sien Koh wa ut 'n Graben rutkriggt. Do geiht de Dööster hen
28. un helpt de Koh wedder rut. Un as de Mann wedder trüch kümmt
29. mit Hölp, do steiht sien Koh al wedder dor un fritt, as wenn nix passiert is.
30. „Gott sei Dank!" seggt de Mann, „dat se wedder to Benenn is!"
31. „Sühst du wull!" seggt de Dööster. „Nu heff ick ehr rut holpen,
32. un du kriggst den Dank dorför! Wer hett nu Recht? Du oder ick?"

Kurze Inhaltsangabe auf hochdeutsch

Es geht um folgendes: Der Teufel beschwert sich, daß die Menschen ihm nie etwas Gutes zutrauen, sondern immer meinen, alles Gute käme vom lieben Gott. Und der liebe Gott und der Teufel sind gemeinsam auf einer Reise—wie es in Märchen so möglich ist—.

Da sagt der liebe Gott zu dem Teufel: „Ja, du solltest auch mal was Gutes tun! Dann würde man auch dir dankbar sein!"

„Nein, nein! Nein, nein!" meint der Teufel. Aber sie könnten das ja gleich mal ausprobieren. Da stünde ja eine Kuh am Wege. Der liebe Gott sollte die Kuh mal in den Graben stoßen . . . „Ja, wenn du willst", sagt der liebe Gott und stößt die Kuh in den Graben.

Und als der Bauer kommt und das sieht, da flucht er auf Teufel und alle unguten Geister.

Der Bauer holt Hilfe aus dem Dorf. Inzwischen hat der Teufel die Kuh aus dem Graben wieder rausgeholt und hat sie wieder zur Weide zurückgestellt.

Als der Bauer mit den Helfern kommt und sieht, daß die Kuh wieder auf der Weide steht, da sagt er: „Gott sei Dank!"

„Siehst du wohl!" sagt der Teufel, „nun hab' ich das Positive getan, und wer kriegt wieder den Dank? Siehst du: Undank ist der Welt Lohn!"

E. Richtig oder falsch? Sie hören jetzt fünf Aussagen zu dem Märchen „Die sieben Raben". Schreiben Sie R, wenn die Aussage richtig ist! Schreiben Sie F, wenn sie falsch ist! Sie hören jeden Satz zweimal.

1. _____   2. _____   3. _____   4. _____   5. _____

Thema 6   Suche nach einem eigenen Leben

A. Richtig oder falsch?   Sie hören jetzt fünf Aussagen zu dem Lesestück ("Alternative"). Schreiben Sie R, wenn die Aussage richtig ist! Schreiben Sie F, wenn sie falsch ist! Sie hören jeden Satz zweimal.

1. _____   3. _____   5. _____

2. _____   4. _____

B. Richtig oder falsch?   Sie hören jetzt fünf Aussagen zu Bobrowskis Geschichte „Brief aus Amerika". Schreiben Sie R, wenn die Aussage richtig ist! Schreiben Sie F, wenn sie falsch ist! Sie hören jeden Satz zweimal.

1. _____   3. _____   5. _____

2. _____   4. _____

C. Ein Diktat: Ein sonderbares Erlebnis.   Eines Abends erzählt ein Gast in einer kleinen Kneipe von einem sonderbaren Erlebnis. Ergänzen Sie seine Erzählung mit den Wörtern, die Sie auf dem Tonband hören! Sie hören seine Erzählung zweimal.

Ich hatte wochenlang hier und da _____. Endlich fand ich

_____ als _____. Ich sollte _____ zu

einer _____ in der _____ von Lübeck transportieren. Gegen

_____ wurde es sehr warm. Ich machte eine Pause und setzte mich in den

_____ eines _____. Plötzlich _____ ich eine alte

Frau, und _____ hörte ich _____ _____ _____.

Die Alte _____ unter einem _____. Ihre kleinen

_____ wurden immer schneller. Ich _____ _____ _____.

Sie sang: „Brenn mich, brenn mich", und _____ die Ärmel ihrer Bluse

_____. Ihre Stimme war laut, _____ nicht sehr schön.

Die _____ dieser _____ war sonderbar. _____ ging

sie in ihr Häuschen. Und ich mußte mich sofort wieder _____

_____, um _____ _____ zu verdienen.

Ich frage mich heute noch, was das alles zu bedeuten hatte.

D. Ein Interview. Der Journalist Dieter Meyer sammelt jetzt Materialien für einen
Artikel über Alternative. In diesem Gespräch hören Sie zwei Stimmen: Dieter
Meyer—Journalist und Ute Richter—Verkäuferin (*saleswoman*).
    Sie sehen sechs Fragen zu dem Interview. Für jede Frage lesen Sie drei
Entgegnungen. Kreuzen Sie die beste Entgegnung an! Sie hören die folgenden neuen
Wörter in dem Interview:

der Laden	shop	**reichen**	extend
der Treffpunkt	meeting, gathering place	**neugierig**	curious
die Auswahl	selection	**eine Entscheidung treffen**	to make a decision

1. Wer ist Ute Richter?
    a. Sie ist Journalistin in Frankfurt.
    b. Sie ist Verkäuferin in einer Frankfurter Buchhandlung.
    c. Sie ist eine Arbeitslose in der Frankfurter Subkultur.

2. Warum interviewt der Journalist Frau Richter für seinen Artikel?
    a. Er hat selbst fünf Jahre Bücher verkauft.
    b. Sie schreibt jetzt ein Buch über die Frankfurter Subkultur.
    c. Durch ihre Arbeit hat sie guten Kontakt mit der Frankfurter Subkultur.

3. Was wollen die Leute aus den Büchern und den Broschüren lernen?
    a. Wie man am besten Herbizide benutzen kann.
    b. Wie man ein besseres, chemiefreies Leben führen kann.
    c. Wie man immer mehr konsumieren kann.

4. Was ist an der Buchhandlung soziales Experiment?
    a. Kein Arbeiter bekommt mehr Geld als die anderen.
    b. Jeder Arbeiter ist Spezialist.
    c. Nur der Chef hat das Recht, Entscheidungen zu treffen.

5. Was ist für Frau Richter die Hauptsache?
    a. Daß sie nicht länger als ihre Kollegen arbeitet.
    b. Daß sie versucht, eine humanere Arbeitswelt zu schaffen.
    c. Daß sie eine Fünfzigstundenwoche arbeitet.

6. Was macht man jeden Dienstag und Freitag im Laden?
    a. Die Arbeitslosen backen Bio-Brot.
    b. Man verkauft Bio-Brot an Arbeitslose.
    c. Man schenkt Arbeitslosen Bio-Brot.

NAME _____ DATE _____

Thema 7   Die leichte Seite

A. Fragen zum Lesestück.   Sie hören jetzt vier Fragen zu dem Lesestück
(„Literarischer Untergrund"). Nach jeder Frage hören Sie drei Entgegnungen.
Kreuzen Sie die beste Entgegnung an! Sie hören jede Frage zweimal.

1. _____ a. _____ b. _____ c.   3. _____ a. _____ b. _____ c.

2. _____ a. _____ b. _____ c.   4. _____ a. _____ b. _____ c.

B. Kinderreim—Richtig oder falsch?   Jetzt hören Sie einen Kinderreim. Nachher
hören Sie vier Aussagen zu dem Reim. Schreiben Sie R, wenn die Aussage richtig ist!
Schreiben Sie F, wenn sie falsch ist! Sie hören jeden Satz zweimal.

Eene, deene, Tintenfaß°,	inkwell
geh in die Schul und lerne was.	
Wenn du was gelernet hast,	
kommst du heim und sagst mir was.	
Kommst du heim und sagst mir nix°,	nichts
kriegst du mit der Rute° Wichs'°.	switch / thrashing

1. _____   3. _____

2. _____   4. _____

C. Ein Diktat: Deutsche Volkskunst (*folk art*)—Nußknacker (*nutcracker*).   In
der Volksliteratur sowohl als auch in der Volkskunst und in der Musik ist der
Nußknacker eine bekannte Figur. Jetzt hören Sie ein Diktat über den Nußknacker.
Ergänzen Sie den Text mit den Wörtern, die Sie auf dem Tonband hören! Im Diktat
finden Sie vier neue Wörter:

bang afraid   **Herzensgrund** deep down
der Bart beard   **stets** continual

Sie hören das Diktat zweimal.

Man kann _____ nicht sagen, daß Nußknacker _____,

_____ Figuren sind. Sie sehen _____, _____ und

© 1983 by Houghton Mifflin Co.

Thema 7   **17**

manchmal sogar _____ aus. Jedoch sind sie schon seit fast zwei

_____ bei Kindern und _____ sehr _____. Viele

Leute _____ Nußknacker heutzutage und bekommen sie als Geschenke zu

_____ und zum Geburtstag. In der _____ und in der Musik

ist der Nußknacker von historischer _____. In den alten Geschichten wird der

Nußknacker als eine _____ Figur _____, die den Menschen hilft.

In diesem Vers spricht der Nußknacker _____:

Seid nicht bang, _____ mein Bart ist lang

und mein _____ ist _____

und gar wild _____ _____,

doch was tut denn das,
tue keinem Menschen was.

_____ im Herzensgrund,

trotz dem großen _____

und dem strengen _____

auf Dein stetes _____.

D. Richtig oder falsch? Sie hören jetzt fünf Aussagen zu Hildesheimers Geschichte
„Eine größere Anschaffung". Schreiben Sie R, wenn die Aussage richtig ist!
Schreiben Sie F, wenn die Aussage falsch ist! Sie hören jeden Satz zweimal.

1. _____   3. _____   5. _____

2. _____   4. _____

Thema 8   Die Welt der Arbeit

A. Richtig oder falsch?   Jetzt hören Sie fünf Aussagen zu dem Lesestück („Was willst du werden?"). Schreiben Sie R, wenn die Aussage richtig ist! Schreiben Sie F, wenn sie falsch ist! Sie hören jeden Satz zweimal.

1. _____   3. _____   5. _____

2. _____   4. _____

B. Ein Diktat: Lebenslauf.   Ergänzen Sie Karin Kurz' Lebenslauf mit den Wörtern, die Sie auf dem Tonband hören! Sie hören das Diktat zweimal.

Lebenslauf

Am 17. _____ 1966 wurde ich als _____ von vier

Kindern in Frankfurt a.M. geboren. Mein Vater ist _____ und

meine Mutter ist _____. Ich besuchte vier Jahre

_____ in Mainz; dann besuchte ich sechs Jahre

_____. _____ und Physik gefallen mir

besonders. Ich _____ auch schon seit Jahren

für _____ Probleme. Deswegen will ich _____

_____ mein _____ Studium auf der Mainzer

Ingenieurschule beginnen. Ich will _____ werden.

   Letzten Sommer arbeitete ich in einem _____ in einer

kleinen _____ an der _____. Zur Zeit arbeite ich bei

meinem Bruder. Es ist eine _____ Stelle für mich, denn er ist

_____ und hat neulich _____

_____. Im Oktober will ich mit meiner _____

_____.

C. Wortschatzübung: Synonyma. Weiter unten lesen Sie fünf Sätze. Für jeden Satz hören Sie zwei fast gleiche Sätze, aber nur ein Satz in jedem Satzpaar hat dieselbe Bedeutung wie der Satz in Ihrem Übungsbuch. Kreuzen Sie diesen synonymen Satz an! Sie hören jedes Satzpaar zweimal.

1. Ich habe den Bus verpaßt. _____ a. _____ b.

2. Sie sind in Versuchung gekommen, das zu tun. _____ a. _____ b.

3. Mein kleiner Bruder ist sehr unabhängig. _____ a. _____ b.

4. Kannst du erraten, wohin ich nächste Woche fahren will? _____ a. _____ b.

5. Ach, sei doch nicht immer so vernünftig! _____ a. _____ b.

D. Fragen zur Geschichte. Sie hören jetzt fünf Fragen zu Bölls „Anekdote zur Senkung der Arbeitsmoral". Nach jeder Frage hören Sie zwei Entgegnungen. Kreuzen Sie die beste Entgegnung an! Sie hören jede Frage zweimal.

1. _____ a. _____ b.   3. _____ a. _____ b.   5. _____ a. _____ b.

2. _____ a. _____ b.   4. _____ a. _____ b.

Thema 9   Freizeit

A. Richtig oder falsch?   Jetzt hören Sie fünf Aussagen zu dem Lesestück („Eine Studentin in ihrer Freizeit"). Schreiben Sie R, wenn die Aussage richtig ist! Schreiben Sie F, wenn sie falsch ist! Sie hören jeden Satz zweimal.

1. _____   3. _____   5. _____

2. _____   4. _____

B. Ein Diktat: Ferien und Freizeit.   Jetzt hören Sie sechs Aussagen zum Thema Freizeitbeschäftigung in der Bundesrepublik. Ergänzen Sie die Aussagen mit den Wörtern und Zahlen, die Sie auf dem Tonband hören! Gebrauchen Sie arabische Ziffern (*Arabic numbers*) für die Zahlen! (Passen Sie auf, denn auf deutsch gebraucht man den Punkt statt des Kommas, z.B. 3.800 statt 3,800.) Sie hören ein neues Wort: **die Wandervereine** (*pl.*) (*hiking clubs*). Sie hören jede Aussage zweimal.

1. In der Bundesrepublik haben _____ % _____ über vier

   Wochen _____ .

2. _____ % der Deutschen über _____ Jahre machen _____ von

   sechs Tagen oder mehr.

3. Fast _____ % der Deutschen fahren jedes Jahr nach _____ ,

   _____ % nach Italien und _____ % _____ .

4. Über _____ Deutsche sind _____ von

   Wandervereinen.

5. Das Picknick _____ ist beliebt. Es gibt _____

   offizielle Picknick- und _____ in der Bundesrepublik.

6. Die frische Luft kann man auch zu Hause genießen, denn rund _____

   _____ verbringen ihre Freizeit in _____ .

C. Fragen zur Geschichte. Sie hören jetzt fünf Fragen zu Polgars „Geschichte ohne Moral“. Nach jeder Frage hören Sie drei Entgegnungen. Kreuzen Sie die beste Entgegnung an! Sie hören jede Frage zweimal.

1. _____ a. _____ b. _____ c.   4. _____ a. _____ b. _____ c.

2. _____ a. _____ b. _____ c.   5. _____ a. _____ b. _____ c.

3. _____ a. _____ b. _____ c.

D. Telefongespräch. Jetzt hören Sie ein Telefongespräch zwischen Petra und ihrer Freundin Nicole Vogt. Sie lesen sechs Fragen zum Gespräch. Für jede Frage sehen Sie drei Entgegnungen. Kreuzen Sie die beste Entgegnung an! Sie hören die folgenden neuen Wörter im Gespräch:

ein Referat halten   to give a report   **das Kurhotel**   health resort
Sylvester   New Year's Eve

1. Was hat Nicole gestern abend gemacht?
   a. Sie hat Volleyball gespielt.
   b. Sie hat Bilder entwickelt.
   c. Sie hat den ganzen Abend an ihrem Referat gearbeitet.
2. Warum macht Stefan Nicole Vorwürfe?
   a. Sie ist kein Sportas.
   b. Sie studiert zuviel.
   c. Sie hat zu viele Freizeitbeschäftigungen.
3. Wo gehen Petra und Nicole skilaufen?
   a. In der Nähe von Oberammergau.
   b. In der Nähe von Freudenstadt.
   c. In der Nähe von Garmisch.
4. Wo würden sie übernachten?
   a. Sie würden in einer billigen Berghütte übernachten.
   b. Die Mädchen würden in einem schönen Waldhotel übernachten.
   c. Petras Tante besitzt ein Wochenendhaus, und da würden die zwei übernachten.
5. Was für Arbeit müßte Petra tun?
   a. Sie müßte Geschirr spülen.
   b. Sie müßte während der Fete fotografieren.
   c. Sie müßte das Essen vorbereiten.
6. Wie reagiert Petra auf Nicoles Plan?
   a. Sie wird auf Nicole wütend und macht ihr Vorwürfe.
   b. Sie hat wirklich nichts dagegen.
   c. Sie muß erstmal ein paar Tage darüber nachdenken.

Thema 10   Frieden oder Krieg?

A. Richtig oder falsch?   Sie hören jetzt fünf Aussagen zu dem Lesestück („Eindrücke von einer Friedensdemonstration"). Schreiben Sie R, wenn die Aussage richtig ist! Schreiben Sie F, wenn sie falsch ist! Sie hören jeden Satz zweimal.

1. _____   2. _____   3. _____   4. _____   5. _____

B. Ein Diktat: Friedensdemonstration.   Alexander Weiß erzählt seinen Kölner Freunden von seinen Erlebnissen (*experiences*) in Bonn. Jetzt hören Sie den Anfang von seiner Erzählung. Ergänzen Sie die Erzählung mit den Wörtern, die Sie auf dem Tonband hören! Sie hören die Erzählung zweimal.

Ich kam gegen _____ sieben in Bonn an und fand nicht weit von der

großen _____ einen _____. Ich _____

aus meinem Auto und _____ mir _____ um den

Hals. Darauf stand: „ _____ _____ mehr!" Ich sollte

einigen Bekannten helfen, _____ _____. Ich war

aber noch nicht ganz _____ und wollte erst schnell eine Tasse

Kaffee trinken. Leider hatte ich _____ _____ zu Hause

vergessen. _____ fand ich einen Straßenhändler mit Kaffee. Als

ich bezahlen wollte, entdeckte ich aber, daß ich mein Geld und _____

_____ auch zu Hause gelassen hatte. Ich mußte mich bei dem

Straßenhändler _____. Ich arbeitete eine Stunde und

_____ nachher _____ und _____.

Dann wurde ich _____ hungrig. Gegen zwölf konnte ich es vor

Hunger nicht mehr _____ und ging zu meinem Auto.

_____ suchte ich Brot und Wurst in meinen Taschen mit

_____. Ich fand aber nur _____ und Reis. Plötzlich

stand _____ neben mir. „Ach, jetzt _____ !"

_____ ich. Woher wußte er, daß ich meinen _____

nicht bei mir hatte? Es war _____ zuviel für mich.

Ich mußte in zehn Minuten zwei _____ vorlesen und wollte

vorher noch einen _____ hören. _____ hatte ich

überhaupt keine Zeit für offizielle Schwierigkeiten. Aber da stand er, und ich konnte

mich nicht _____. „Hätten Sie einen Schraubenzieher?" fragte er mich.

Geld, Wurst und Dokumente hatte ich nicht, aber einen Schraubenzieher! Er machte

seine Reparatur, dankte mir und lächelte mir zum _____ zu. Ich ging

zur Demonstration zurück.

C. Verwandte Wörter: das Partizip Perfekt. Sie hören jetzt sechs Satzpaare. Den
ersten Satz in jedem Paar sollen Sie mit dem Substantiv ergänzen, das Sie auf dem
Tonband hören. Den zweiten Satz in jedem Paar ergänzen Sie mit dem verwandten
Verb im Partizip Perfekt. Sie hören also das Substantiv in Satz *a*, aber nicht das
verwandte Verb in Satz *b*.

▶ a. 300.000 *Demonstranten* waren in Bonn.
   b. In Bonn haben 300.000 Leute *demonstriert*.

Sie hören jedes Satzpaar zweimal.

1. a. Wir haben unsren Freunden _____ geschickt.

   b. Wir haben unsre Freunde _____.

2. a. Herr Egge war _____.

   b. Herr Egge hat dem Agenten _____.

3. a. Karl Benz und Gottlieb Daimler waren _____ des Automobils.

   b. Benz und Daimler haben das Automobil _____.

4. a. Ich habe _____ _____ wiederholt.

   b. Ich habe meine Geschichte noch einmal _____.

5. a. Der Junge bekam _____ für seine Hilfe.

   b. Wir haben den Jungen _____.

6. a. Die Ärztin schrieb _____ über die neue Krankheit.

   b. Die Ärztin hat über die neue Krankheit _____.

D. Richtig oder falsch? Sie hören jetzt sechs Aussagen zu den Geschichten „Die
Kegelbahn" und „Maßnahmen gegen die Gewalt". Schreiben Sie R, wenn die
Aussage richtig ist! Schreiben Sie F, wenn sie falsch ist! Sie hören jeden Satz zweimal.

A. 1. _____ 3. _____   B. 1. _____ 3. _____

   2. _____   2. _____

Thema 11   Die Umwelt

A. Fragen zum Lesestück.   Sie hören jetzt vier Fragen zu den Lesestücken
(„Energie—wozu eigentlich?" und „Umweltproblem Innenstadt"). Nach jeder Frage
hören Sie drei Entgegnungen. Kreuzen Sie die beste Entgegnung an! Sie hören jede
Frage zweimal.

1. _____ a. _____ b. _____ c.   3. _____ a. _____ b. _____ c.

2. _____ a. _____ b. _____ c.   4. _____ a. _____ b. _____ c.

B. Zusammengesetzte Substantive (*Compound Nouns*).   Jetzt hören Sie
Definitionen für sechs zusammengesetzte Substantive. Nach jeder Definition
schreiben Sie die treffende (*appropriate*) Zusammensetzung (Artikel + Substantiv)!

▶ Sie hören: Eine Wand, die aus Brettern besteht, ist _____ _____.
  Sie schreiben: *eine Bretterwand.*

Sie hören jede Definition zweimal.

1. _____ _____   4. _____ _____

2. _____ _____   5. _____ _____

3. _____ _____   6. _____ _____

C. Richtig oder falsch?   Sie hören jetzt fünf Aussagen zu Martis Geschichte
„Neapel sehen". Schreiben Sie R, wenn die Aussage richtig ist! Schreiben Sie F, wenn
sie falsch ist! Sie hören jeden Satz zweimal.

1. _____   3. _____   5. _____

2. _____   4. _____

D. Ein Interview.   Der Journalist Dieter Meyer macht wieder eine Umfrage.
Diesmal sitzt er draußen auf einer Bank und interviewt Bewohner einer Wohnstraße.
In diesem Interview hören Sie drei Stimmen: Dieter Meyer—Journalist; Kathrin
Busch—Studentin; Kathrins Mann Markus—Student.

Sie sehen vier Fragen zu dem Interview. Für jede Frage lesen Sie drei Entgegnungen. Kreuzen Sie die beste Entgegnung an! Im Interview hören Sie die folgenden neuen Wörter und Ausdrücke:

erste Semester freshmen
die Neugestaltung redesign
die Anwohner (*pl.*) residents

die Einführung introduction
im Notfall in an emergency
die Karre heap (referring to car)

1. Warum zogen Kathrin und Markus in die Innenstadt?
   a. Die Wohnstraße hat ihnen sehr gefallen.
   b. Wohnungen waren dort billig.
   c. Dort konnten sie frische Luft und Ruhe genießen.

2. Was, meint Kathrin, ist ein großer Vorteil der Wohnstraße?
   a. Die Autos können jetzt schnell durchfahren.
   b. Kinder und alte Leute haben jetzt Angst vor den Autos.
   c. Die Gehsteige sind nicht mehr so gefährlich.

3. Was sagt Kathrin über die Anwohner der Wohnstraße?
   a. Sie sind unfreundlich.
   b. Kathrin kennt sie gar nicht.
   c. Sie sind gute Nachbarn.

4. Was, meint Markus, ist ein Nachteil der Wohnstraße?
   a. Es gibt zu viele unterirdische Garagen.
   b. Es gibt zuwenig Parkplätze.
   c. Es gibt zu viele Parties.

Thema 12   Kurze Krimis

A. Richtig oder falsch?   Sie hören jetzt fünf Aussagen zu dem Lesestück („Die Geschichte einer Nachricht, die nie ankam"). Schreiben Sie R, wenn die Aussage richtig ist! Schreiben Sie F, wenn sie falsch ist! Sie hören jeden Satz zweimal.

1. _____   3. _____   5. _____

2. _____   4. _____

B. Polizist oder Verbrecher—Wer spricht denn hier?   Sie hören jetzt fünf Aussagen oder Fragen. Für jede müssen Sie entscheiden, ob ein Polizist oder ein Verbrecher so sprechen würde. Schreiben Sie P, wenn ein Polizist spricht, und V, wenn ein Verbrecher spricht! Sie hören jeden Satz zweimal.

1. _____   3. _____   5. _____

2. _____   4. _____

C. Ein Diktat: Schelten (*berating*).   Matthias Fischer, Detektiv bei der Hafenwache (*harbor police*), bekommt einen Anruf von seinem aufgeregten Chef. Ergänzen Sie den Monolog des Chefs mit den Wörtern, die Sie auf dem Tonband hören! Sie hören den Monolog zweimal.

Also, Fischer, hoffentlich erwarten Sie nicht, daß ich Ihnen heute abend

_____! _____! _____, daß Sie

einen Fehler gemacht haben. Es ist unglaublich, daß _____

_____ Ihnen direkt vor der Nase gesessen hat. Und Sie hatten sogar

_____ _____ in der Hand! Sie hätten ihn so leicht

_____ können; Sie hätten ihn _____ stellen

sollen. Haben Sie wirklich nicht _____ können, daß etwas nicht in

Ordnung war? _____ nicht. Kaum zu glauben. Ach . . . ich muß

dieses Gespräch jetzt beenden. Ich kann kaum noch _____. Mein

Arzt hat mir gesagt, ich darf mich nicht so _____. Sie aber,

Herr Fischer, Sie müssen sich ein bißchen mehr _____.

_____ Sie bitte _____, daß Sie in Zukunft etwas

_____ sind. Dann werden Sie mich nicht wieder _____!

D. Fragen zur Geschichte.   Sie hören jetzt vier Fragen zu Malechas Geschichte „Die Probe". Nach jeder Frage hören Sie drei Entgegnungen. Kreuzen Sie die beste Entgegnung an! Sie hören jede Frage zweimal.

1. _____ a.   _____ b.   _____ c.

2. _____ a.   _____ b.   _____ c.

3. _____ a.   _____ b.   _____ c.

4. _____ a.   _____ b.   _____ c.

Übungen zum schriftlichen Ausdruck

NAME _____ DATE _____

Thema 1 Die lebendige Sprache

A. Du oder Sie? Im Lesestück haben Sie den Brief von Kerstin A. gelesen.
Ergänzen Sie dieses Gespräch zwischen Kerstin und ihrer Mutter!

Frau A: Kerstin! Was habe ich eben gehört? Hast du die Nachbarn

wirklich _____? Das tut man _____!

Kerstin: Aber Mutti, die beiden haben _____, ich soll sie nicht

weiter _____. Wir finden das „Du" _____.

Frau A: Verwandte, _____ und Kinder duzt man. Aber die

Nachbarn sind doch keine Kinder, sie sind _____. Es ist

sehr _____, wenn du sie _____.

Kerstin: Was sollte ich denn tun? Ich will nicht, daß du auf mich

_____ bist, aber ich will die Nachbarn auch nicht

beleidigen.

B. Das Lichtbild für den Reisepaß (*passport*). Mit dem Antrag (*application*) auf
einen Reisepaß muß man auch ein Lichtbild (*photograph*) einreichen (*submit*). Eine
detaillierte Beschreibung Ihres Lichtbildes würde Informationen enthalten (*include*)
wie die folgenden:

die Augen: blau, braun, grün, blitzend, lebhaft, sanft
die Nase: breit, fein, gebogen, gerade, groß, klein, spitz, stumpf (*snub*)
das Haar: blond, braun, schwarz, dicht (*thick*), dünn, glänzend, glatt, lockig
  (*curly*), kurz, lang
das Gesicht: jung, alt, faltig, blaß, frisch, gesund, rund, oval, breit, lang, schmal,
  fröhlich, heiter, traurig, streng, grimmig
der Mund: breit, groß, klein, lächelnd, lachend, voll, weich
besondere Kennzeichen: eine Narbe (*scar*), ein kleines Muttermal (*mole*),
  (*distinguishing marks*)   Sommersprossen (*freckles*)

A logical method for organizing and linking this information into a sound paragraph is the
method of space ordering—i.e., describing your face from top to bottom or vice versa.

© 1983 by Houghton Mifflin Co.

Beschreiben Sie Ihr eigenes Paßbild! (Oder beschreiben Sie das Aussehen eines Professors oder einer Professorin! Die Identität darf anonym bleiben, wenn Sie wollen.)

_____

_____

_____

_____

C. Das Antragsformular. Füllen Sie das Antragsformular für einen Reisepaß aus (siehe nächste Seite)!

D. Der Absatz. Gehen Sie einen Schritt weiter! Schreiben Sie vollständige Sätze!

Ich heiße _____. Ich bin am _____.

_____ 19 ____ in _____ geboren. Meine jetzige

Adresse ist _____.

Ich habe _____ Augen und bin _____ groß. Ich bin

_____.

E. Eine kurze Beschreibung. Gebrauchen Sie Ihre Phantasie und beschreiben Sie das Gesicht des alten Mannes in Bichsels Kurzgeschichte „Ein Tisch ist ein Tisch"!

_____

_____

_____

_____

_____

Antrag

auf Ausstellung oder Verlängerung eines Reisepasses

Application for the issuance or renewal of a passport

Demande de délivrance ou de renouvellement d'un passeport

	Antragsteller Applicant Demandeur	Ehefrau *) Wife *) Epouse *)
Name (auch Geburtsname, wenn dieser nicht der Ehename ist) Name (also Name at birth if different from married name) Nom (ajouter le nom à la naissance s'il est différent du nom matrimonial)		
Vornamen (Rufname unterstreichen) Christian names (underline first name) Prénoms (souligner le prénom usuel)		
Geburtsdatum Date of birth Date de naissance		
Geburtsort (Kreis, Land) Place of birth (county, country) Lieu de naissance (département)		
Genaue Anschrift Exact address Adresse exacte		
Besondere Kennzeichen Distinguishing marks Signes particuliers		
Farbe der Augen Colour of eyes Couleur des yeux		
Größe Height } cm Hauteur		

Die vorstehenden Angaben entsprechen der Wahrheit. Mir ist bekannt, daß ich mich durch wissentlich falsche Angaben strafbar mache.

The above statements are true. I know that if I knowingly make a false statement I shall be liable to a penalty.

Les déclarations ci-dessus sont conformes à la vérité. Je sais que je me rends passible d'une peine en faisant des déclarations sciemment fausses.

....
(Ort und Datum)
(Place and date)
(Lieu et date)

....
(Eigenhändige Unterschrift)
(Applicant s signature)
(Signature autographe)

33

Thema 2   Stereotypen

Chronological ordering

The technique of chronological ordering is frequently used in writing to produce coherence within single paragraphs or among several paragraphs. Below are examples of German adverbs that commonly function as transitional words to emphasize chronological ordering:

vorgestern	früher	zuerst	bald darauf	allmählich
gestern	vorher	zunächst	(kurz) danach	endlich
heute	bald	einmal	dann	langsam
morgen	sofort	erstens	nachher	plötzlich
übermorgen	eben	das (erste) Mal	später	schließlich
	jetzt	wieder		zuletzt
	nun			

A. Die grüne Krawatte.   Suchen Sie mindestens fünf chronologische Überleitungswörter (*transitional words*) in Schnitzlers Kurzgeschichte!

_____

_____

B. Ordnen Sie bitte!   Die Sätze in dem folgenden Absatz sind durcheinander. Bringen Sie sie in die richtige Reihenfolge!

Dann machte er einen Spaziergang durch den Park. Eines Tages nannte man ihn sogar einen Dieb. Eines Morgens legte Herr X eine gelbe Krawatte an. Bald darauf ging Herr X nicht mehr unter Menschen. Aber allmählich wurden einige Menschen neidisch auf Herrn X. Zuerst gefiel seine Krawatte den Leuten.

_____

_____

_____

_____

_____

_____

C. Bildergeschichte.
E.O. Plauens lustige Abenteuer (*adventures*) von „Vater und Sohn" sind sehr bekannt. Beschreiben Sie die einzelnen Bilder in der folgenden Bildergeschichte und verwenden Sie dabei chronologische Überleitungswörter, um die Bilder miteinander zu verknüpfen (*connect*)!

You may write a dramatic narrative (*Erlebniserzählung*), in which you describe the events in the first person through the eyes of the child, or you may prefer to write a detached observation in the third person.

Nützliche Vokabeln

spielen	binden (a, u)	der Ball	die Wand
brechen (i, a, o)	betrachten	der Wandspiegel	der Pinsel
entfernen	weg·laufen (ä, ie, au)	die Glasscherben (*pl.*)	die Wasserfarben (*pl.*)
malen	der Hockeyschläger	(broken glass)	die Fliege (*bow tie*)
tragen (ä, u, a)	(*hockey-stick*)	das Bild	die Krawatte

Grenzen der Malerei

_____

_____

_____

_____

_____

_____

_____

_____

D. Liebes Tagebuch. Sie sind seit kurzem in München. Sie haben einige Vorurteile über die Deutschen mitgebracht. Die folgende Aufzeichnung (*entry*) in Ihrem Tagebuch zeigt, daß Verallgemeinerungen meistens nicht stimmen. Ergänzen Sie diese Aufzeichnung mit den passenden Adverbien!

bald darauf	heute	nachher
dann	heute nachmittag	eines Tages
endlich	jetzt	vorher
früher	langsam	zuerst

Liebes Tagebuch,   Samstag, den _____. _____ 19 _____

„Die Deutschen essen viel Sauerkraut und trinken viel Bier."

Das hatte ich _____ gedacht. _____ aber weiß ich,

daß das nicht stimmt!

_____ machte ich einen kleinen Ausflug mit Julia und Thomas.

Wir wollten um zehn losfahren. Sie mußten aber _____ einige

Einkäufe machen. _____ holten sie mich ab, und wir fuhren an den

See. _____ gingen wir schwimmen. _____ spielten wir

Volleyball am Strand. Ich wurde _____ hungrig. _____

sagte Thomas, er hätte auch Hunger. _____ machten er und

Julia das Essen. „Ein typisches Essen!" sagte er. Sauerkraut und Bier? Nein!

Hamburgers und Cola! „Wir wollen, daß du dich _____ wie zu Hause

fühlst!" sagte Julia. „Und Amerikaner essen doch nur Hamburger und trinken nur

Cola, nicht?" _____ müssen wir über Verallgemeinerungen

sprechen . . .

E. Machen Sie noch eine Aufzeichnung in Ihrem Tagebuch! Besprechen Sie eine zweite Verallgemeinerung!

Liebes Tagebuch, _____ , den _____ . _____ 19 _____

_____

_____

_____

_____

_____

_____

_____

_____

_____

Thema 3   Gleichberechtigung

A. Berufe. Identifizieren Sie die Berufe!

▶ *Bäcker / Bäckerin:* „Brot von gestern habe ich nicht. Alles ist heute morgen frisch."

1. _____ : „Und wie hätten Sie es gern? An den Seiten und hinten etwas kürzer schneiden?"

2. _____ : „Stefanie, fang mal an! Seite dreißig, Absatz zwei."

3. _____ : „Es tut mir leid, aber hier dürfen Sie nicht rauchen. Dieser Teil ist für Nichtraucher."

4. _____ : „Na, Peter, schon wieder seekrank? Du hast aber den falschen Beruf gewählt, nicht?"

B. Weitere Berufe. Schreiben Sie Aussagen für die unten genannten Berufe!

1. Politiker / Politikerin: _____

_____

2. Filmstar: _____

_____

3. Hausmann / Hausfrau: _____

_____

4. Verkäufer / Verkäuferin: _____

_____

C. Wer sagt, daß . . .? Die Bundesregierung veröffentlicht mehrere Broschüren über die Gleichberechtigung von Männern und Frauen. Eine Broschüre heißt „Wer sagt, daß Mädchen dümmer sind?". Weiter unten lesen Sie zwei Strophen aus einem Lied mit demselben Titel. In der ersten Strophe werden negative Vergleiche in Frage gestellt. In der zweiten Strophe sind die Vergleiche positiv. Lesen Sie das Lied und beantworten Sie die Fragen!

Wer sagt, daß Mädchen dümmer sind?

Wer sagt, daß Mädchen dümmer sind	
Wer sagt, daß Mädchen immer albern° sind	silly
Wer sagt, daß Mädchen schüchtern sind	
Der spinnt, der spinnt, der spinnt!	
Wer sagt, die Mädchen trau'n sich nicht°	have no confidence
Wer sagt, sie seien immer weinerlich°	tearful
und meckerig° und zappelig°	complaining / fidgety
Der hat'n Stich°, 'n Stich, 'n Stich!	is crazy
Mädchen sind genauso schlau° wie Jungen	smart
Mädchen sind genauso frech° und schnell	fresh and daring
Mädchen haben soviel Mut wie Jungen	
Mädchen haben auch ein dickes Fell.°	thick skin

Welche Vorurteile finden sich in dem Lied?

_____

_____

_____

Welche Vergleiche oder Unterschiede halten Sie für richtig?

_____

_____

_____

D. Die öffentliche Meinung! Die Vorsitzende des Deutschen Frauenrats (*chair of the FRG's Women's Advisory Council*) stellt in den folgenden Bemerkungen dar, wie Frauen bei jeder Entscheidung (*decision*) von der Gesellschaft kritisiert werden. Lesen Sie zuerst die kritischen Bemerkungen, dann verbinden Sie sie mit den passenden Bildern!

Bild 1 _____ Bild 2 _____ Bild 3 _____ Bild 4 _____

Bild 1: Frau W ist berufstätig.

Bild 2: Frau X bekommt ein Kind.

Bild 3: Frau Y hat ein Kind, entschließt sich, wegen ihres Kindes zu Hause zu bleiben.

Bild 4: Frau Z hat ein Kind, entschließt sich, weiter zu arbeiten.

A. *Natürlich. Typisch für das alte Rollenbild, nach dem eine Frau nur als Mutter Zufriedenheit finden kann.*

B. *Natürlich! Eine typische Mutter aus dem vorigen Jahrhundert.*

C. *Die wird schon sehen, wohin das führt.*

D. *Unglaublich! Typisch unfräulich. Vergißt ihre eigentliche Aufgabe, will sein wie der Mann.*

E. *Das arme Kind, isoliert von der Gesellschaft, Mutter intellektuell blockiert!*

F. *Natürlich. Eine von diesen modernen Müttern, nie wieder gut zu machen in der Entwicklung des Kindes; Verbrechen an seiner Entwicklung!*

E. Was sagen Sie dazu? Stellen Sie sich vor—Sie nehmen auch an den Gesprächen in Übung D teil. Sie stimmen aber nicht mit den anderen überein. Wählen Sie ein Bild aus Übung D und schreiben Sie, was Sie denken!

Bild Nr. _____ _____

_____

Thema 4 Partnerschaft

A. Ein Zeitungsbericht. Ergänzen Sie den Zeitungsbericht mit den Wörtern von der folgenden Liste!

Alter, Bauch, Eindruck, Frieden, Kerl, Mut
danken, reiben, schreien, stürzen, wechseln(2x), wischen
ängstlich, anstrengend, bloß, dankbar, dauernd, hinterher, sprachlos

---

Besucher aus Amerika ein Held!

Frankfurt a.M. Ein mutiger Hausmann, Robert Smith, hat der Polizei heute geholfen, einen Dieb zu fassen (*capture*). Hier ist seine spannende (*exciting*) Geschichte (übersetzt von H. Kohl): „Ich war gerade in Frankfurt angekommen. Ich wollte Geld _____ und ging mit meinen amerikanischen Dollars zur Wechselstube. Da standen schon ziemlich viele Leute Schlange. _____ vor mir machte einen komischen _____ auf mich. Er war in meinem _____ und hatte einen großen Bier_____. Er _____ sich _____ die Hände und _____ sich den Schweiß von der Stirn. Als er am Schalter (*teller window*) stand, nahm er eine Pistole aus der Tasche. Einige Leute _____, andere waren _____. Obwohl ich _____ bin, stellte ich ihm ein Bein (*tripped him*), als er weglief. Er _____. _____ hat der Polizist mir _____ und hat mir gesagt, daß ich großen _____ gezeigt hätte. Ich bin _____, daß das Erlebnis jetzt vorbei ist. Jetzt will ich mein Geld endlich _____ und meinen Urlaub in _____ genießen!"

B. Sich verlieben. Durch Werbung (*advertising*) ist der Spruch „sich verlieben" sehr populär geworden. Sogar die Deutsche Bundesbahn benutzt ihn. Die folgende Anzeige (*ad*) stand in der offiziellen Zeitschrift der Bundesbahn *Die Schöne Welt*. Füllen Sie den VIP-Partner-Testbogen aus!

Finden Sie jetzt den Partner Ihrer Liebe

Liebe und Zuneigung sind nur selten eine Frage des Zufalls. Viele Menschen sind allein, obwohl sie gern jemanden hätten, mit dem sie ihre Freizeit und ihr Leben gemeinsam verbringen möchten. Doch wie soll man diesen Partner finden? Wie ihm begegnen? Wie ihn erkennen? Die Partnerin oder den Partner Ihrer Liebe können Sie JETZT finden. Machen Sie einfach den kostenlosen VIP-Partner-Test. Sie erfahren so, welche Chancen Sie haben. Aus vielen tausend Alleinstehenden suchen wir den zu Ihnen am besten passenden Partner. Dieser wird Ihnen in Form eines Partnervorschlags vorgestellt, so daß Sie sich ein genaues Bild machen können. Die Teilnahme am VIP-Partner-Test ist für jeden Alleinstehenden (Mindestalter 18 Jahre) kostenlos und völlig unverbindlich. Deshalb einfach mitmachen: Das kann auch für Sie der Start ins Glück sein!

JWP

VIP-Partner-Testbogen

Einladung
zum VIP-Partner-Test

Füllen Sie einfach diesen Testbogen aus. Nach Einsendung und erfolgreicher Chancen-Prüfung erhalten Sie persönlich, telefonisch oder schriftlich kostenlos und unverbindlich:

1. Ihren Partner-Vorschlag
Die ausführliche Beschreibung der Eigenschaften (Ihr Partnervorschlag). Ihre im Testbogen genannten Wünsche und Angaben werden hierbei natürlich berücksichtigt.

2. Farbige VIP-Broschüre
Hier können Sie alles in Ruhe nachlesen: Wichtiges bei der Partnersuche, die VIP-Mitglieder, das VIP-Freizeit-Programm und und und 24 Seiten, die jeder Partnersuchende gelesen haben muß!

3. Club-Information
Infos zum VIP-Single-Service: Tanzabende, Veranstaltungen, Freizeit-Aktivitäten usw. Bei VIP ist immer etwas los!

VIP
für Partnerschaft und Freizeit

Partner-Wunsch

Wie soll Ihr Partner sein?

Alter: von _____ bis _____ Jahre

Größe: von _____ bis _____ cm

Haar: ☐ schwarz ☐ blond ☐ braun
☐ grau ☐ rötlich

Staatsangehörigkeit: ☐ nur deutsch
☐ auch andere

Eigenschaften des Partners:
(4 ankreuzen)
☐ Häuslich   ☐ Humorvoll
☐ Natürlich   ☐ Ehrgeizig
☐ Zurückhaltend   ☐ Anpassungsfähig
☐ Modebewußt   ☐ Kinderlieb
☐ Temperamentvoll ☐ Naturliebend

SW 226

Angaben zur Person

☐ Herr ☐ Frau ☐ Fräulein

Name: _____

Vorname: _____

Str./Nr.: _____

PLZ/Ort: _____

Telefon: _____

Geburtstag: _____

Fam.-Stend: ☐ ledig ☐ verw./gesch.
☐ getrennt lebend

Jetziger Beruf: _____

Körpergröße: _____ cm

Haarfarbe: _____

Staatsangehörigkeit: _____
Ich erkläre, daß ich einen Partner suche und an Ihrem kostenlosen Test teilnehmen möchte.

Unterschrift

Den ausgefüllten VIP-Partner-Testbogen abtrennen und in einem unfrankierten Kuvert einsenden an: VIP · Winterhuder Weg 62 · 2000 Hamburg 76

1. affection 2. participation 3. without obligation 4. information 5. heeded (taken into consideration) 6. events 7. citizenship 8. reserved 9. ambitious 10. flexible 11. **Postleitzahl:** zip code 12. **verwitwet:** widowed, **geschieden:** divorced 13. detach 14. unstamped envelope

C. Heiratsanzeigen. Heiratsanzeigen (*marriage ads*) sind eine besondere Art von Beschreibung. Lesen Sie die zwei Heiratsanzeigen, dann beantworten Sie die Fragen!

Heiratsanzeigen

Weihnachtswunsch! Wer ist auch einsam und möchte bald heiraten? Bin 29/177, Nichttänzer und suche einfache treue Partnerin bis 33 J. Kind kein Hindernis°. Zuschr. unt.° W 6918 *NWZ Oldb.*

obstacle

Zuschriften unter: letters c/o

---

1. Wie alt ist Herr X? _____

2. Wie groß ist er? _____

3. Tanzt er gern? _____

4. Wie alt soll die Partnerin sein? _____

5. Was für eine Partnerin sucht er? _____

6. Wäre ein Kind ein Problem? _____

7. Warum schreibt er die Anzeige? _____

Einen siamesischen Zwilling° suche ich nicht, aber einen Menschen, der noch neugierig ist, mit dem ich lachen, reisen, radfahren, diskutieren, im Regen spazierengehen kann u.a. mehr. 48j. blond, schlankes, nicht häßliches weibl. Wesen° (1,61 gr.), manchmal romantisch, manchmal ironisch, linksliberal mit Interesse an pol. u. soz. Fragen, Leseratte. Trage gern Jeans, liebe Graphik, hasse Statussymbole und Pedanten. — Seien Sie mutig, schreiben Sie kurz oder lang an ZD 1466 *Die Zeit*, Postfach 10 68 20, 2000 Hamburg 1.

twin

being

---

1. Wie alt ist Frau Y? _____

2. Wie sieht sie aus? _____

3. Was sucht sie nicht? _____

4. Was tut sie gern? _____

5. Was haßt sie? _____

6. Interessiert sie sich für Politik? _____

7. Was trägt sie gern? _____

D. Schreiben Sie eine Heiratsanzeige!

_____

_____

_____

_____

_____

_____

ZX 1200 *Die Zeit*, Postfach 10 68 20, 2000 Hamburg 1

Waagerecht

1. rule
4. fear
7. judgment
9. gate
10. maintain!
13. impressions
17. employee
19. egg
21. occupied
23. to doubt
24. (it) lies
28. to participate
29. no

Senkrecht

1. peace, quiet
2. to permit
3. courage
4. age
5. entirely
6. do!
8. exactly; even
11. pure
12. female
13. to experience
14. thieves
15. to convince
16. to climb
18. to greet
20. recipe
22. to wash dishes
25. in
26. on the (*masc.*)
27. on, at, to

Thema 5 Neue Volksliteratur

A. Was bringt uns denn das Fernsehen? Lesen Sie „Das Lied vom Fernsehn"
(Seite 60 im Text) noch einmal! Wie würden Sie die folgenden Sendungen (*programs*)
dem Lied nach bewerten (*evaluate*)?

Die Höhepunkte im Fernsehen?

	günstig bewerten	ungünstig bewerten	Welche Strophe[1] im Lied beschreibt die Sendung am besten?
16.15 Aus der Küche in die Kaserne[2] Frauen in die Bundeswehr? Ein Streitgespräch[3] im 1. Programm.	X		Strophe 6 („Gedanken soll man sammeln")
18.20 Es muß nicht immer Mord sein 1. Folge: Ein todsicherer Tip. Regie[4]: Wolf Gremm. Deutsche Krimis der Gegenwart.			
19.50 Sieben gegen Chicago US-Gangsterkomödie mit großem Staraufgebot[5]. Neben Dean Martin spielen Frank Sinatra und Sammy Davis Jr.			
21.45 Dallas Nach dem Rücktritt[6] von Bobby (*Patrick Duffy*) ist J.R. (*Larry Hagman*) wieder Präsident. Leslie (*Susan Flannery*) soll ihm ein besseres Image geben.			
22.00 Stahlnetz[7] „In der Nacht zum Ostersonntag" wird in Lübeck ein Taxifahrer ermordet[8]. Hauptkommissar Bleicken (*Herbert Tiede*) sucht lange nach dem Täter[9].			
22.05 5 nach 10 Schrittmacher[10] oder Mitmacher[11]? Was man von den Parteien erwarten darf. Moderation: Ruprecht Eser und Horst Schättle. Vorgesehene[12] Gäste: Heide Simonis (SPD[13]), Andreas von Schöler (FDP), Werner Remmers (CDU), Petra Kelly (Die Grünen), Prof. Richard Löwenthal und der französische Deutschland-Experte Henri Menudier.			

1. verse 2. barracks 3. debate 4. director 5. array of stars 6. abdication 7. steel net 8. murdered
9. perpetrator 10. pace setters 11. followers 12. scheduled 13. **SPD, FDP, CDU:** major FRG political parties

B. Die heutige Müllerin zu Schaffhausen. Lesen Sie das Lied von der Müllerin (Seite 62 im Text) noch einmal! Stellen Sie sich nun vor, Sie sind Polizist(in) in Schaffhausen. Ergänzen Sie Ihren Bericht über den Zank (*dispute*) zwischen der Müllerin und dem Müller!

Notizbuch: Samstag, den 9. _____ 19 _____

Tageszeit: _____

Ort: _____

Wetter: _____

Beteiligte (*those involved*): _____

Problem: Der Müller kam _____ und verlangte folgendes von

seiner Frau: sie sollte _____

_____ .

   Die Müllerin lehnte ab, denn _____

_____ .

Drohungen (*threats*): Er wollte _____ .

Sie wollte _____ .

Mein Rat (Gebrauchen Sie Ihre Phantasie!): _____

_____

_____ .

C. Märchen. Eins der bekanntesten Märchen ist „Hänsel und Gretel". Seine Popularität zeigt sich auf verschiedene Weise: (1) in Engelbert Humperdincks Märchen-Oper aus dem Jahr 1893, (2) in selbstgebackenen Knusperhäuschen (*gingerbread houses*), (3) in Briefmarkenserien und (4) in dem bekannten Volkslied aus dem 19. Jahrhundert weiter unten. Die Zeilen des Volkslieds sind durcheinander. Ordnen Sie sie, bitte!

_____ Die Hexe° muß jetzt braten,	witch
wir Kinder gehn nach Haus.	
_____ Sie kamen an ein Häuschen	
von Pfefferkuchen° fein:	gingerbread
_____ Und als die Hexe ins Feuer schaut hinein,	
wird sie gestoßen° von unserm Gretelein.	pushed
_____ Hänsel und Gretel verirrten sich° im Wald,	lost their way
es war schon finster° und draußen bitter kalt.	dark, ominous

_____ Sie stellet sich so freundlich,
　　　o Hänsel, welche Not°!　　　　　　　　　　trouble

_____ Sie will dich braten
　　　und backt dazwischen Brot!

_____ Sieh', da schaut eine garst'ge° Hexe 'raus,　　ugly, nasty
　　　sie lockt° die Kinder ins kleine Zuckerhaus.　entice

_____ Wer mag der Herr wohl
　　　von diesem Häuschen sein?

_____ Nun ist das Märchen
　　　von Hänsel, Gretel aus.

D. Die Briefmarken.　Welche Zeilen im Lied beschreiben die Briefmarkenbilder?

_____

_____

_____

_____

E. Ein Zeitungsartikel. Stellen Sie sich vor—Sie sind Reporter(in). Benutzen Sie das Volkslied, die Briefmarken und Ihr Notizbuch (weiter unten), um einen Zeitungsartikel über Hänsel und Gretel zu schreiben. Schreiben Sie auch eine Überschrift zu Ihrem Artikel! Ergänzen Sie zuerst das Notizbuch!

Notizbuch: _____, den _____. _____

Ort: in der Nähe vom Hexenwald

Beteiligte: Bruder u. _____ (Hänsel u. Gretel), Vater, _____

Problem: Kinder _____ sich; entdeckten _____.

_____ lockte sie _____;

wollte _____

Lösung: _____ rettete _____; _____ und

_____ wiedervereinigt (*reunited*)

Nun schreiben Sie den Artikel!

_____

_____

_____

_____

_____

Thema 6   Suche nach einem eigenen Leben

A. Die Alternativszene.   Lesen Sie noch einmal, was im Text über Bio-Brot gesagt wird (Seite 76–77) und schauen Sie sich die folgende Reklame für *plusminus Brot* an! Dann schreiben Sie eine Reklame für Bio Brot!

ernährungsbewußte:
nourishment-conscious

Roggenmischbrot: mixed rye
ballaststoffreiche: rich in fiber
i.T. in der Trockensubstanz: in dry form

Bio-Brot!

_____

_____

_____

_____

B. Alternativferien. Alternativferien sind heute bei deutschen Jugendlichen sehr beliebt. Diese Ferien werden von mehreren Organisationen, wie z.B. dem CVJM (Christlicher Verein Junger Männer: *YMCA*), angeboten. Es gibt ungefähr 100 Programme in 23 Ländern. Lesen Sie die Reklame für Alternativferien!

Alternativferien—Ferien vom Alltag!

„Ich wünsche mir einen Aktivurlaub." „Fern von allen Touristen möchte ich ein fremdes Land erleben." „Weg vom Wohlstand[1] für einige Wochen. Und dann etwas davon für meinen Alltag behalten."

Solche Wünsche kannst Du in unsren Alternativferien realisieren! Wir bieten Schülern, Studenten und Lehrlingen von 18 bis 25 Jahren 10 Programme in 5 Ländern an. Diese Programme verbinden Ferien mit Arbeit und Zusammenleben in einer Gruppe.

Es gibt Alternativferien hier in der Bundesrepublik: Du kannst an Umweltschutz-projekten arbeiten, Kinderspielplätze bauen und ähnliches. Alternativferien im Ausland sind auch sehr beliebt. Dort wohnst Du bei einer Familie, meistens in einem kleinen Dorf ohne Touristen. Du arbeitest zwei Wochen als Helfer(in) bei der Ernte[2], zum Beispiel. Danach folgt eine Busfahrt von einer Woche, auf der Du Dir mit anderen Helfern das Land ansiehst.

Ob im Inland oder Ausland: Fast alle, die einmal mitgemacht haben, bleiben mehrere Jahre dabei!

1. affluence 2. harvest

C. Ein Gespräch. Sie sprechen mit Gerd über die Reklame. Er stellt mehrere Fragen. Beantworten Sie sie!

Gerd: Was sind eigentlich Alternativferien?

Sie: _____

_____

Gerd: Wo gibt es denn solche Ferien?

Sie: _____

Gerd: Und wie lange dauern sie?

Sie: _____

Gerd: Was kann man in solchen Ferien alles tun?

Sie: _____

_____

Gerd: Wer kann an so einem Programm teilnehmen?

Sie: _____

Gerd: Interessierst du dich dafür? Warum (nicht)?

Sie: _____

_____

D. Brief aus Griechenland. Sie verbringen Ihre Alternativferien in Griechenland.
Schreiben Sie einen kurzen Brief darüber! Berichten Sie über:

den Ort: Stravios, ein kleines Dorf in Nordgriechenland
die Arbeit: 6 bis 11 morgens, 4 bis 7 am Nachmittag
Ihre Unterkunft (*accommodation*): bei einer griechischen Familie
neue Erlebnisse: z.B.: Dorf sehr konservativ; Essen anders—Olivenöl u.
          Kräuter (*herbs*); griechische Gastfreundlichkeit unglaublich
zukünftige Urlaubspläne: z.B. ob Sie wieder mitmachen; ob Sie das Programm
          empfehlen

Liebe(r) _____!   Stravios, _____

_____

_____

_____

_____

_____

_____

_____

                            Herzliche Grüße!

                            Dein(e)_____

E. Brief aus Amerika. Bilden Sie Wörter mit *-los* und gebrauchen Sie sie in den
folgenden Sätzen!

die Heimat _____   die Ruhe _____

lieben _____   der Trost _____

der Mut _____   zweifeln _____

1. War Alice herzlos und unfreundlich?

    War sie _____?

2. Hatte Alice bestimmt recht?

    Hatte sie _____ recht?

3. War John an keinem Ort zu Hause?

    War er _____?

4. Litt John oft an Depressionen?

   War er oft _____?

5. Blickte die Mutter unruhig im Zimmer umher?

   Blickte sie _____ umher?

6. War das Leben der Mutter ohne ihren Sohn einsam?

   War ihr einsames Leben _____?

F. Sätze zum Wortschatz. Benutzen Sie jedes Wort aus der Liste weiter unten in einem oder mehreren Sätzen! Ihre Sätze sollen zeigen, daß Sie wissen, in welcher Situation man jedes Wort gebrauchen kann.

▶ *stecken*

Ich hatte mein Geld schon in der Hand. Da sagte mein Freund: „Heute bezahle ich." Also habe ich mein Geld wieder in die Tasche *gesteckt*.

mitteilen _____

_____

zuhören _____

_____

falten _____

_____

der Herd _____

_____

der Schritt _____

_____

der Schatten _____

_____

Thema 7   Die leichte Seite

A. Leserbrief. „Wenn Sie etwas auf dem Herzen haben, dann schreiben Sie an unsere Experten! Sie antworten Ihnen gern." Solche Einladungen findet man in mehreren deutschen Zeitschriften. Lesen Sie den folgenden Leserbrief, dann spielen Sie die Rolle einer Briefkasten-Freundin/eines Briefkasten Freundes (*advice columnist*)! Schreiben Sie den Eltern eine Antwort! Benutzen Sie dabei Informationen aus „Literarischer Untergrund" (Seite 89–93).

Wenn Sie ein Problem haben

Die Großeltern waren zu Weihnachten bei uns. Sie hatten sich auf diesen Besuch so gefreut, besonders weil unsere Kinder, Sebastian und Sabrina, eine schöne Überraschung für sie hatten. Sie hatten nämlich Lieder und kleine Verse gelernt und wollten auf unserer Weihnachtsfeier singen and rezitieren. Wir waren so stolz auf sie—bis ihr Programm anfing. Sie begannen mit dem Tannenbaum-Lied. Aber statt von grünen Blättern zu singen, machten sie sich über den Weihnachtsmann lustig! Dann sangen sie „Leise rieselt die Vier . . .". Zum Schluß hatten sie „ein ganz tolles Gedicht" für die Großeltern. Es war etwas Furchtbares über Omachen, Opachen und Leberwurst!

Warum sind unsere Kinder so respektslos? Wo haben sie solche Verse gelernt? Von ihren Lehrern?? Warum wollten sie die schöne Stimmung der Weihnachtsfeier verderben?

Wir sind ratlos und, ehrlich gesagt, auch ärgerlich! Helfen Sie uns, bitte!

                                                                    Verzweifelte Eltern

---

_____

_____

_____

_____

B. Sprichwörter.   Weiter unten lesen Sie einige deutsche Sprichwörter. Suchen Sie
die Bedeutung, die zu dem Sprichwort paßt!

_____ 1. Morgenstund hat Gold im Mund.

_____ 2. Lügen haben kurze Beine.

_____ 3. Übung macht den Meister.

_____ 4. Was man nicht im Kopf hat,
muß man in den Beinen haben.

_____ 5. Hunger ist der beste Koch.

_____ 6. Glück und Glas, wie leicht bricht das.

_____ 7. Du sollst den Tag nicht vor dem
Abend loben.

_____ 8. Wo ein Wille ist, ist auch ein Weg.

a. Wenn man etwas vergißt, muß man
laufen, um es zu holen.

b. Früh am Morgen geht alles besser.

c. Wenn man hungrig ist, schmeckt alles
besser.

d. Man kommt nicht weit mit einer
Lüge. Die Wahrheit kommt doch an
den Tag.

e. Wenn man sich anstrengt, erreicht
man das Ziel.

f. Man soll nicht erwarten, daß man
immer Glück hat.

g. Man soll sich nicht gratulieren, bevor
etwas fertig ist.

h. Je öfter man etwas macht, desto
besser wird es.

Nun suchen Sie ein Sprichwort aus der obigen Liste, das zu der Geschichte von
Hildesheimer (Seite 97–98) paßt, und erklären Sie warum!

Sprichwort: _____

Erklärung: _____

_____

_____

C. Nachrichten aus Frankreich.   Stellen Sie sich vor, Sie wohnen in Frankreich
und arbeiten als Reporter(in) für eine deutsche Tageszeitung. Schreiben Sie ein
Telegramm an Ihre Zeitung über das Verschwinden der Lokomotive! Beantworten
Sie die folgenden Fragen in Ihrem Telegramm: Problem? (Französische Staatsbahnen
verloren . . .), Ort? Tageszeit? Wer war der Dieb? Ergebnisse der Untersuchung?

FRANZOESISCHE STAATSBAHNEN VERLOREN LOKOMOTIVE STOP _____

_____

_____

_____

Nach einigen Tagen bekommen Sie ein Telegramm von der Tageszeitung. Ergänzen Sie das Telegramm, indem Sie die folgenden Fragen beantworten: Was ist passiert? (Lokomotive . . .) Wo? Wer hatte sie? Gibt es eine Erklärung?

LOKOMOTIVE _____ STOP _____

_____

_____

D. Kurze Gespräche.   Bitte erfinden Sie Gespräche, in denen Sie die folgenden Ausdrücke als ein Element gebrauchen!

▶ „Das ist mir egal."
Hans: Wir gehen heute abend ins Kino. Willst du mit?
 Ute: Ja, gern.
Hans: Gehst du lieber um sieben oder um neun Uhr hin?
 Ute: *Das ist mir egal.*

1. „Ist das dein Ernst?"

_____

_____

_____

_____

2. „Es tut mir leid."

_____

_____

_____

_____

3. „Es macht mir nichts aus."

_____

_____

_____

4. „Unglücklicherweise."

_____

_____

_____

5. „Das ist ja interessant."

_____

_____

_____

E. Geometrische Formen. Der Stern enthält (*contains*) fünf Wörter. Bilden Sie diese Wörter, die aus fünf Buchstaben bestehen! Jedes Wort enthält ein **-e.**

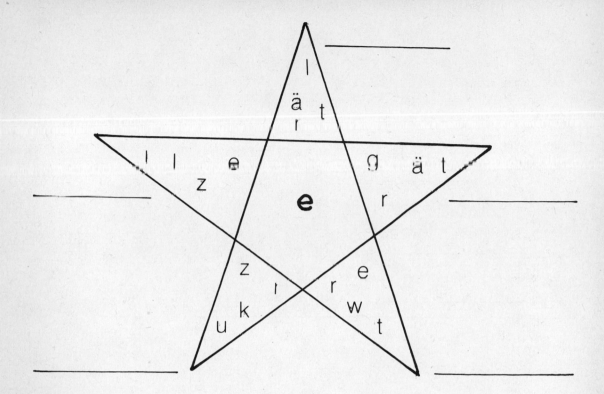

Jedes Wort in der Pyramide weiter unten enthält ein **-ch.** Bilden Sie die Wörter aus den gegebenen Buchstaben!

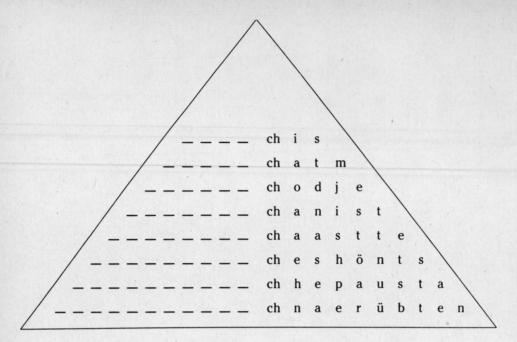

_ _ _ _   ch i s

_ _ _ _ _   ch a t m

_ _ _ _ _ _   ch o d j e

_ _ _ _ _ _ _   ch a n i s t

_ _ _ _ _ _ _ _   ch a a s t t e

_ _ _ _ _ _ _ _ _   ch e s h ö n t s

_ _ _ _ _ _ _ _ _   ch h e p a u s t a

_ _ _ _ _ _ _ _ _ _   ch n a e r ü b t e n

Thema 8   Die Welt der Arbeit

A. Was meinen Sie?   Welche Vorteile und Nachteile haben die folgenden Berufe? Bewerten Sie (*rate*) sie! Gebrauchen Sie die folgende Skala!

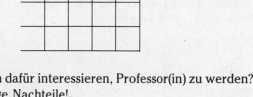

1: sehr gut
2: gut
3: durchschnittlich
4: ziemlich schlecht
5: schlecht

	Verkäufer(in)	Bürofachkraft	Sozialarbeiter(in)	Ingenieur(in)	Lehrer(in)
1. Ist der Arbeitsplatz sicher?					
2. Verdient man viel Geld?					
3. Ist die Arbeit interessant?					
4. Ist die Arbeit leicht?					
5. Kommt man schnell nach oben?					
6. Kann man unabhängig arbeiten?					
7. Hat der Beruf großes Prestige?					
8. Ist die Arbeit wertvoll?					
9. Hat man viel Freizeit?					

B. Der ideale Job?   Würden Sie sich dafür interessieren, Professor(in) zu werden? Nennen Sie einige Vorteile und einige Nachteile!

Vorteile: _____

_____

Nachteile: _____

_____

Ihre Entscheidung! _____

_____

C. Berufsausbildung. Weiter unten finden Sie drei Anzeigen aus deutschen Zeitschriften. Lesen Sie die Anzeigen und beantworten Sie die Fragen!

Kleinanzeigen

Berufsausbildung

> Fremdsprachenkorrespondent/in 1- u. 2jähr. Berufsfachschulen. Englisch/Französisch/Spanisch. Ausbildung für Berufstätigkeit° im Außenhandel°. Private Handelsschulen Merkur, Ensingerstr. 6-8, 7900 Ulm, Telefon: (07 31) 6 20 15.

occupation/ foreign trade

1. Wie heißen diese Schulen? _____

2. In welcher Stadt sind sie? _____

3. Auf welchen Beruf wird man vorbereitet? _____

4. Wie lange dauert die Ausbildung? _____

5. Was meinen Sie—Hätten Sie Interesse an so einer Ausbildung? Warum (nicht)? ___

_____

> Touristikfachkräfte, Reiseleiter/innen, Stewardessen/Messehostessen°/ Hotelrezeptionistinnen. Direkt- und Fernkurse°. Rezeptionistinnenkurse, audiovisueller Sprach- und Schreibmaschinenunterricht, Deutschkurse für Ausländer, Sprachreisen nach England, Schottland, Irland, Frankreich, USA.
> Touristikinstitut Freifrau° von dem Bussche, Dienerstr. 20, 8000 München 2, Tel. 22 44 44

exhibition hostesses
correspondence
courses

baroness

1. Wie heißt das Institut? _____

2. In welcher Stadt ist es? _____

3. Wieso können Leute anderswo wohnen und doch gleichzeitig am Institut

studieren? _____

4. Auf welche Berufe wird man vorbereitet? _____

_____

5. Welche Sprachen kann man lernen oder verbessern? Wodurch?

_____

6. Was meinen Sie?—Werden Männer und Frauen in dieser Anzeige

gleichbehandelt? Wo gibt es Unterschiede? Erklären Sie! _____

_____

> **Wollen Sie einen sozialen Beruf erlernen und warten auf einen Ausbildungsplatz? Die Schule Schwarzerden bietet Realschulabgängern° und Abiturienten ein bewegungs- und gesundheits-pädagogisches Vorbereitungsjahr.**
> **Gymnastikschule Schwarzerden 6412 Gersfeld-Bodenhof, Telefon: 0 66 54–2 23.**

graduates

1. Was für eine Schule ist dies? _____

2. Wie lange dauert der Kurs? _____

3. Ist diese Schule nur für Jugendliche, die auf ein Gymnasium gegangen sind?

_____

4. Was meinen Sie?—Vor welchem Problem stehen einige Jugendliche, die sich für

einen sozialen Beruf interessieren? _____

_____

D. Ausbildung.   Die Anzeige auf der nächsten Seite erscheint regelmäßig in mehreren deutschen Zeitschriften. Lesen Sie die Einleitung, dann beantworten Sie die Fragen!

Wir suchen Menschen, die gern schreiben. Wir suchen Sie!

„Habe ich ‚das Zeug' zum erfolgreichen Autor?" „Wie kann ich meinen Spaß am Schreiben weiterentwickeln — zu echtem Können?" — Solche oder ähnliche Fragen haben Sie sich sicher auch schon gestellt, stimmt's?

Dann machen Sie mit beim KOSTENLOSEN, UNVERBINDLICHEN ifs-Lernmotivationstest!

Es ist ganz einfach: Trennen Sie diese Seite heraus, beantworten Sie die Testfragen und schicken Sie den Bogen im anhängenden frankierten Umschlag möglichst noch heute ein.

Das ifs ist die einzige Spezial-Fernschule ihrer Art im deutschsprachigen Raum.

Lernen auch Sie erfolgreich schreiben. Ihr erster Schritt — Ihre Teilnahme am Test — ist kostenlos für Sie.

GRATIS-Lernmotivationstest für Erwachsene ab 18 Jahren

JA, ich möchte mehr über meine Ausbildungsmöglichkeiten in der Kunst und Technik des Schreibens erfahren. Senden Sie mir daher Ihren 28seitigen „Leitfaden für alle, die gern schreiben" mit dem ifs-Ausbildungsprogramm. Als Belohnung für meine Teilnahme am Test erhalte ich außerdem die „Tips von Bestseller-Autoren: 15 Goldene Regeln, einfach, knapp und klar zu schreiben" sowie die individuelle, schriftliche Bewertung meiner Erfolgsaussichten beim ifs-Fernstudium.

1. Aus welchem Grund möchten Sie schreiben können?
- [ ] ich möchte es als Hobby betreiben
- [ ] ich möchte es in meinem gegenwärtigen Beruf verwerten
- [ ] ich möchte mich allgemein mündlich und schriftlich besser ausdrücken können
- [ ] ich möchte mir etwas nebenbei verdienen
- [ ] ich möchte eines Tages hauptberuflich als Schriftsteller tätig sein

2. Wieviel Freizeit steht Ihnen für eine schriftstellerische Ausbildung zur Verfügung?
- [ ] weniger als 3 Stunden pro Woche
- [ ] mehr als 1 Stunde pro Tag
- [ ] eine Stunde pro Tag
- [ ] ein Tag in der Woche

3. Welche der nachfolgenden Publikationen lesen Sie regelmäßig? (Zutreffendes bitte unterstreichen oder eintragen.)
Tageszeitung — Unterhaltungszeitschriften (z. B. Quick, Frau im Spiegel) — Informationszeitschriften (z. B. Capital) — Fachzeitungen/Fachzeitschriften — sonstige:
nämlich:

4. Haben Sie neben Literatur noch andere Interessen oder Freizeithobbys?
Wenn ja, welche?

z. B. Sport, Reisen, Briefmarken, Gartenarbeit usw.

5. Welche Schulen haben Sie besucht?
- [ ] Volks-, Grund-, Hauptschule _____ Jahre
- [ ] Realschule _____ Jahre
- [ ] Gymnasium _____ Jahre [ ] Abitur
- [ ] Berufsschule _____ Jahre [ ] Abschluß
- [ ] Handels-/Höhere Handelsschule [ ] Abschluß
- [ ] Hochschule [ ] Abschluß
- [ ] Universität [ ] Abschluß

6. Wie schätzen Sie Ihre Schreibfähigkeit ein?
- [ ] Ich schrieb schon immer gern
- [ ] Schreiben fällt mir leicht
- [ ] Schreiben ist ein Problem für mich, ich möchte es besser können
- [ ] Ich habe Schwierigkeiten, mich kurz und treffend auszudrücken
- [ ] Eine richtige Anleitung, Kunst und Technik des Schreibens zu erlernen, das ist genau das, was ich mir wünsche

7. Empfinden Sie es als vorteilhaft, beim Schreibenlernen
- Ihre Studienzeit selbst einteilen zu können? [ ] ja [ ] nein
- zu Hause zu lernen? [ ] ja [ ] nein
- das Studientempo selbst zu bestimmen? [ ] ja [ ] nein
- erfahrene Schriftsteller als Lehrer zu haben? [ ] ja [ ] nein
- persönlichen Kontakt zu Ihren Studienleitern zu haben [ ] ja [ ] nein

Bitte unbedingt ausfüllen:

Ich interessiere mich für folgenden Lehrgang:
- [ ] Belletristik (z. B. Kurzgeschichten, Novellen, Wahre Geschichten, Romane usw.)
- [ ] Sach- und Fachliteratur
- [ ] Eine Grundschule für Journalismus (Zeitungs- und Zeitschriftengewerbe)
- [ ] Die Große Schule des Schreibens (eine umfassende Gesamtausbildung)

Vorname _____ Name _____

Postleitzahl/ Wohnort _____

Straße/Hausnummer _____

Beruf _____ Geburtsdatum _____ HB 54

ZUGELASSEN

Alle Lehrgänge selbstverständlich ZFU-geprüft und zugelassen (Staatliche Zentralstelle für Fernunterricht, Köln).

Alles ist kostenlos und unverbindlich. Sie informieren mich ausschließlich durch das geschriebene Wort. Kein Vertreterbesuch.

1. non-binding 2. sheet 3. attached stamped envelope 4. from 5. guide 6. concisely
7. correspondence-study 8. pursue 9. utilize 10. in addition 11. writer 12. is available
13. appropriate 14. underline 15. enter 16. assess 17. to the point 18. direction 19. budget
20. profession

E. Die Fernschule schreibt an Sie. Stellen Sie sich vor—Sie interessieren sich für eine Ausbildung als Schriftsteller und schicken Ihren Testbogen an die Fernschule. Nach einigen Tagen bekommen Sie einen Brief zurück. Was steht im Brief?

Nützliche Ausdrücke

wir danken Ihnen . . .
wir glauben, Sie haben (keine; geringe; die besten) Erfolgsaussichten, weil . . .
wir empfehlen
als Belohnung für Ihre Teilnahme . . .

ifs

_____

_____

_____

_____

_____

Betrifft: Ihr Lernmotivationstest vom _____

_____

_____

_____

_____

_____

Mit _____

_____

F. Ein idyllisches Bild.   Lesen Sie Bölls Beschreibung des „idyllischen Bildes" noch einmal! (Im Text S. 112, Zeile 4–6) Imitieren Sie seinen Stil und beschreiben Sie diese idyllische Zeichnung aus einem Reiseprospekt!

_____

_____

_____

G. Sätze zum Wortschatz.   Benutzen Sie jedes Wort aus der Liste weiter unten in einem oder mehreren Sätzen! Ihre Sätze sollen zeigen, daß Sie wissen, in welcher Situation man jedes Wort gebrauchen kann.

verpassen _____

leihen _____

vernünftig _____

günstig _____

der Neid _____

die Versuchung _____

Wortsuche—Themen 5–8

At least 22 words are hidden in the following puzzle. The words are formed horizontally, vertically, and diagonally. The letters are always in a consecutive straight line. Circle the words in the diagram and write them and the English meanings in the spaces provided.

A	V	E	R	S	U	C	H	U	N	G	A
R	E	K	L	A	M	E	J	E	K	P	B
B	H	R	I	U	Ü	ß	I	Z	N	L	E
E	A	U	I	S	H	D	F	P	O	U	R
I	N	G	M	L	S	N	G	ß	C	S	E
T	S	C	H	A	T	T	E	N	H	T	I
N	T	S	F	E	U	E	R	Z	E	U	G
E	A	N	I	E	D	E	R	A	N	O	N
H	L	E	T	K	I	Z	E	I	T	D	I
M	T	B	E	R	U	H	I	G	E	N	S
E	U	B	N	S	M	N	E	E	F	S	H
R	N	Ä	H	E	K	T	D	R	L	K	Ö
T	G	R	Ä	B	E	R	C	I	D	E	H
S	C	H	A	C	H	T	E	L	N	E	E

Waagerecht

Deutsch	Englisch	Deutsch	Englisch
_____	_____	_____	_____
_____	_____	_____	_____
_____	_____	_____	_____
_____	_____	_____	_____
_____			

Senkrecht

Deutsch	Englisch	Deutsch	Englisch
_____	_____	_____	_____
_____	_____	_____	_____
_____	_____	_____	_____
_____	_____		

Rechts (diagonal)

_____	_____	_____	_____
_____	_____	_____	_____

Links (diagonal)

_____	_____	_____	_____

Thema 9   Freizeit

A. Essen gehen. Sie besuchen Freunde in Wiesbaden und wollen essen gehen. Ihre Freunde beschreiben einige Restaurants, die ihnen gefallen. Lesen Sie die Anzeigen und ergänzen Sie ihre Beschreibungen!

Das ganz andere Restaurant

Tischlein deck dich

Töngesstraße 79 · 6500 Mainz-Ebersheim
Telefon 06136/3271

Das „Tischlein" deckt sich außer montags immer von 18.00 – 1.00 Uhr

ALT BUDAPEST

Unsere Köche · Unsere Kellner
und unsere Gastfreundschaft sind echt ungarisch
Original ungarische Zigeunerkapelle
tägl. v. 11.30 - 15.00 + 17.30 - 1.00 Uhr, Sa. v. 18 - 1 Uhr
Mo. Ruhetag - Telefon 06121/370527
6200 Wiesbaden - Albrechtstraße 21
Ungarisches Hotel und Restaurantunternehmen

店饭洲亞 **CHINA-RESTAURANT ›ASIA‹**
Wiesbaden, Friedrichstr. 43
Telefon 370636
Einzigartig in Wiesbaden, mit asiatischer Atmosphäre
Original chinesische Küche aus Peking und Shanghai.

Zum Dortmunder

**Das Haus der Biere
und bekannten Küche**

im Herzen Wiesbadens, Langgasse 34 (Fußgängerzone)
Tel. 06121/302096, durchgehend geöffnet, von 10—24 Uhr
durchgehend kalte und warme Küche.
Freitag Ruhetag.

Alte Münze
RESTAURANT

Kulinarische Köstlichkeiten aus der Deutschen Küche

Kranzplatz 5-6 (am Kochbrunnen) · 6200 Wiesbaden · Tel.(06121) 52 48 33
Geöffnet: Montag - Freitag 12 - 15 Uhr, 18 - 24 Uhr · Samstag 18 - 24 Uhr
Sonn- und Feiertage geschlossen · Tischbestellungen erbeten

1. Hungarian   2. gypsy orchestra   3. coin   4. delicacies   5. requested

Wenn wir deutsche Spezialitäten wollen, gehen wir zur _____.

Leider ist sie _____ geschlossen. _____

hat gutes Bier und _____. Es liegt _____

Wiesbadens. Das _____ in der Friedrichstraße hat eine

_____ Atmosphäre. Ab und zu haben wir Lust, eine

_____ zu hören. Dann gehen wir ins _____.

_____ ist ein ungewöhnliches Restaurant. Es ist übrigens

von 18.00–1.00 _____.

Na—was meinen Sie? Wo wollen Sie denn essen und warum?

_____

_____

_____

B. Schreiben Sie eine Anzeige für eine Kneipe oder Teestube in Hamburg!

_____

_____

_____

C. Freizeitbeschäftigungen. Diese Sport-Piktogramme wurden für die
Münchener Olympiade gezeichnet. Identifizieren Sie die Sport-Wortfelder weiter
unten, die zu den Piktogrammen passen!

_____   _____   _____

_____   _____   _____

© 1983 by Houghton Mifflin Co.

Sportwortfelder:

1. Segeln
   die Segelregatta
   der Segler
   die Seglerin
   sie segelt, segelte
   ist gesegelt

2. Radfahren
   die Radtour
   das Radrennen
   der Radfahrer
   die Radfahrerin
   er fährt Rad, fuhr . . .
   ist . . . gefahren

3. Volleyball
   das Volleyballspiel
   sie spielt Volleyball
   spielte . . ., hat . . . gespielt
   sie schlägt den Ball
   schlug, hat geschlagen
   sie macht einen Punkt

4. Skilaufen
   der Skilauf
   der Skiläufer
   die Skiläuferin
   er läuft Ski
   lief . . .
   ist . . . gelaufen

5. Laufen
   der Lauf
   der Läufer
   die Läuferin
   sie läuft, lief
   ist gelaufen

6. Schwimmen
   der Schwimmwettkampf
   der Schwimmer
   die Schwimmerin
   er schwimmt (50m)
   schwamm
   ist geschwommen

D. Rekordbrecher. Lesen Sie die folgende Reklame! Dann schreiben Sie kurze Gespräche über Guinness-Rekorde im Sport! Gebrauchen Sie dabei die Sportarten in Übung C!

▶ Fenster 4: *„Nicht zu glauben! Die Hamburgerin Petra Schmidt hat 29 Stunden ununterbrochen Volleyball gespielt!"*

Es gibt wieder Gesprächsstoff:

GUINNESS IS GOOD FOR YOU

1983 GUINNESS BUCH DER REKORDE

Das Guinness Buch der Rekorde

1983 ist da! Nicht zu fassen, zu was Mensch und Natur fähig sind. Viele neue Höchstleistungen und das Formular für Ihre eigene Rekord-Anmeldung im aktuellen Guinness Buch der Rekorde. **Das Buch zur Fernseh-Serie zum Buch.** DM 29.80. Jetzt überall, wo es Bücher gibt.

Ullstein

record performances
entry
current

Fenster 1 und Fenster 7: _____

_____

_____

Fenster 2 und Fenster 8: _____

_____

Fenster 3: _____

_____

_____

Fenster 5 und Fenster 6: _____

_____

_____

E. Ihr eigener Rekord! Gebrauchen Sie Ihre Phantasie! Füllen Sie das Formular für Ihre eigene Rekord-Anmeldung im Guinness Buch der Rekorde aus!

Guinness-Rekorde

Name: _____

Adresse: _____

Ihre Höchstleistung: _____

_____

_____

F. Fahrtrouten. Benutzen Sie bitte den Stadtplan von Hamburg auf Seite 123 im Text! Sie wollen zur Einweihungsfete bei Petra. Beschreiben Sie den Weg vom Fußballstadion zu ihrer Wohnung in der Rothenbaumchaussee Nr. 23!

Sie fahren die _____ Straße entlang bis zur _____

Straße. Dann _____ in die _____ Straße.
     (rechts? links?)

Geradeaus, bis zur _____ Allee. Dann _____ rein.
                       (rechts? links?)

Fahren Sie die _____ Allee bis zur _____
                       (ersten? zweiten? . . .)

Querstraße. Das ist die Rothenbaumchaussee. Fahren Sie rechts rein. Die Wohnung ist auf der linken Seite, Nr. 23.

Sie wollen zum Jazzfrühschoppen in der Fabrik. Beschreiben Sie den Weg vom Hafen zur Fabrik!

_____

_____

_____

G. Eine beliebte Freizeitbeschäftigung. Lösen (*solve*) Sie das Kreuzworträtsel!

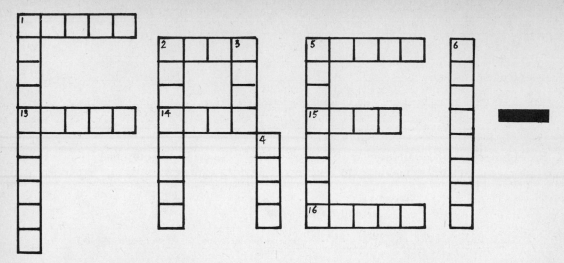

Waagerecht

1. power
2. party
5. age, old age
8. on
10. previous, former
13. proud
14. (you) travel!
15. oh
16. next to
17. silent, mute
18. on the dot
19. rage, fury
20. hasty
21. information

Senkrecht

1. team
2. schedule
3. one
4. (she) lent
5. to depart
6. to accuse
7. one, someone
8. off, down, away
9. faithful, loyal
10. reproaches
11. cheerful, pleased
12. recently

Thema 10   Frieden oder Krieg?

A. Friedensdemonstration in Bonn.   Bereiten Sie ein Tagesprogramm vor!
Ordnen Sie die folgenden Aktivitäten!

nach Hause fahren   Rednern im Hofgarten zuhören
Mittagspause machen   Ankunft in Bonn
Abfahrt nach Bonn   Friedensplakate malen
Schilder verteilen   Harry Belafonte zuhören
aufstehen   auf der Kennedybrücke singen
Ankunft in Hamburg

3. 15 _____
4. 10 _____
6. 35 _____
7. 30 _____
8. 30 _____
10. 45 _____
13. 00 _____
14. 15 _____
15. 00 _____
16. 40 _____
18. 05 _____

B. Malen Sie doch!   Malen Sie ein Plakat, ein Spruchband oder eine Plakette (*button*) für eine Demonstration! Denken (*invent*) Sie sich einen interessanten Spruch aus!

C. Beschreiben Sie den Weg! Nach der Demonstration fährt eine Gruppe von Studenten nach Altenahr. Rolf beschreibt den Weg von Bonn nach Altenahr. Ergänzen Sie seine Beschreibung mit den folgenden Wörtern: **Altenahr** (2X), **Altweiler, Autobahn, Gelsdorf** (2X), **links, rechts, Straße, südlicher.**

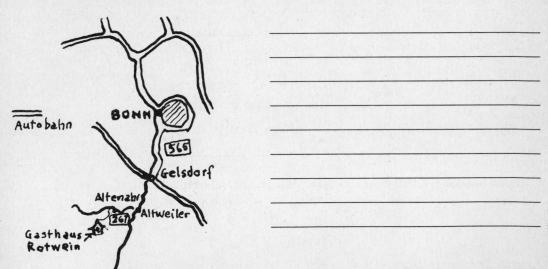

Fahr auf der _____ (565) in

_____ Richtung! Nach etwa 25

Kilometern kommt die Ausfahrt (*exit*) nach

_____. Fahr durch

_____ nach _____.

Dann _____ auf

der _____ 267

nach _____. 1,5 km nach

_____ kommt die

Abzweigung (*branch*) _____ zum

Gasthaus Rotwein.

Sie wollen einen Ausflug vom Gasthaus zum Aussichtsturm Hohe Acht machen. Beschreiben Sie den Weg von Altenahr zur Hohen Acht!

_____

_____

_____

_____

_____

_____

_____

_____

_____

D. Dafür oder dagegen? Suchen Sie sich auf dem Foto im Text, Seite 132, eine Person aus. Gebrauchen Sie Ihre Phantasie und beschreiben Sie diese Person! Beantworten Sie die folgenden Fragen in Ihrer Beschreibung!

Wie heißt sie/er?

Wie alt ist sie/er?

Woher kommt sie/er?

Ist sie/er verheiratet?

Hat sie/er Kinder?

Arbeitet(e) sie/er? Wenn ja, wo?

Ist diese Demonstration die erste, die sie/er mitmacht/ansieht?

Was hält sie/er von der Friedensdemonstration?

_____

_____

_____

_____

_____

E. Der Leserbrief (*letter to the editor*). Nachdem Ihre Person in Übung D den Zeitschriftenartikel „Eindrücke von einer Friedensdemonstration" gelesen hat, schreibt sie/er einen Leserbrief, in dem sie/er genauer erklärt, was ihr/ihm an der Demonstration gefallen oder nicht gefallen hat. Zum Beispiel:

Was hielt sie/er von den vielen Plakaten und Spruchbändern?

Wie waren die Vorträge und Lieder?

Wie benahmen sich die Demonstranten?

Was war der Effekt der Demonstration?

Meine Eindrücke von der Friedensdemonstration

_____

_____

_____

_____

_____

(Name)   (Stadt)

F. Wovon spricht man?   Bilden Sie neue Substantive mit *-heit* oder *-keit* aus den gegebenen Adjektiven!

▶ Wenn ein Volk *frei* ist, sprechen wir von seiner *Freiheit*.

1. Wenn die Nachbarn freundlich sind, sprechen wir von ihrer _____.

2. Wenn jemand gesund ist, sprechen wir von seiner guten _____.

3. Wenn Leute einsam sind, sprechen wir von ihrer _____.

4. Wenn die Jugendlichen höflich sind, sprechen wir von ihrer _____.

Schreiben Sie jetzt Definitionen!

1. Wenn _____,
   spricht man von Schwierigkeit.

2. Wenn _____,
   spricht man von Schönheit.

3. Wenn _____,
   spricht man von Ehrlichkeit.

4. Wenn _____,
   spricht man von Nützlichkeit.

G. Übung zum Wortschatz.   Schreiben Sie einen kurzen Absatz, in dem Sie mindestens sechs der folgenden Wörter benutzen! Die Sätze Ihres Absatzes sollen zeigen, daß Sie wissen, was jedes Wort bedeutet.

zum Abschied	die Reise	allmählich	aushalten
das Gedicht	das Schild	beinahe	flüstern
das Geschenk		wach	losgehen
die Lebensmittel			(sich) verstecken

Die Abschiedsparty

_____

_____

_____

_____

_____

Thema 11   Die Umwelt

A. Autoaufkleber (*bumper stickers*).   „Atomkraft—Nein, danke!" „Rettet den Seehund (*seal*)!" „Schmetterlinge (*butterflies*) sterben aus—Aussterben ist für immer." „Hilfe für bedrohte (*endangered*) Tiere—Rettet die Gummibärchen (*candy bears*)!" Ernste (aber auch heitere) Autoaufkleber zum Problem Umweltschutz sieht man seit einiger Zeit überall in der Bundesrepublik. Schreiben Sie zwei Autoaufkleber zum Problem Umweltschutz!

_____

_____

_____

_____

B. Lösung eines Umweltproblems?   Was ist das: Es fliegt, bevor es fliegen kann, und wird gebaut, wo es nicht gebaut wird? Antwort: der Airbus. Der Airbus ist ein großes Passagierflugzeug, das von der Firma *Airbus Industries* hergestellt wird. Airbus Industries ist eine europäische Firma, die fünf Ländern gehört. Jedes Land baut einen Teil des Airbusses; die BRD baut den Rumpf (*body*) und die Innenausstattung (z.B. Toiletten und Küche), England die Flügel, die Niederlande die Landeklappen (*landing flaps*), Frankreich das Cockpit und Spanien das Leitwerk (*tail unit*). Die Teile kommen dann in einer großen Montagehalle (*assembly plant*) in Toulouse, Frankreich, zusammen.

Weiter unten lesen Sie einige Tatsachen. Gebrauchen Sie diese Tatsachen, um eine Reklame für den Airbus zu schreiben! Betonen Sie in Ihrer Reklame, daß der Airbus umweltfreundlich ist!

der Airbus hat Platz für 253 Passagiere
er ist in der Luft schnell—870 km/h
er ist am Boden schnell—45 Minuten nach der Landung kann er wieder starten
ein Computer im Cockpit kontrolliert die Leistung (*performance*) des Motors
  besser und schneller als ein Mensch
die Motoren sind sehr leise
die Motoren verbrauchen wenig Kraftstoff (*fuel*)
der Airbus ist ein Spezialist für kurze Strecken (*distances*)—etwa
  70 Prozent aller Flüge gehen über kurze Strecken

über 400 Airbusse sind schon verkauft—ein erfolgreiches Flugzeug
er bietet Lösungen der folgenden Umweltprobleme: Energiekrise, Verkehrslärm
(*Fluglärm*)

_____

_____

_____

_____

C. Welcher Teil wird in welchem Land hergestellt? Schreiben Sie Nummer und
Buchstaben in das jeweilige Land der Karte weiter unten!

Land	**Teil**
1. die BRD	a. das Cockpit
2. England	b. das Leitwerk
3. Frankreich	c. der Rumpf
4. die Niederlande	d. die Flügel
5. Spanien	e. die Innenausstattung
	f. die Landeklappen

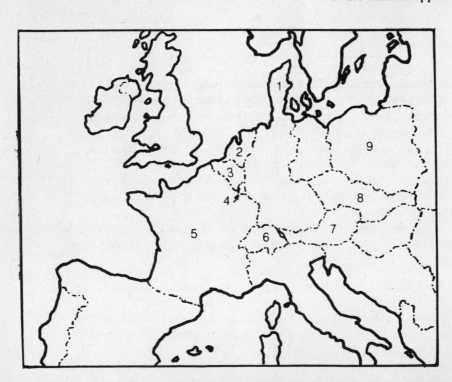

D. Wohnstraßen und Wohnqualität. Ein Redakteur (*editor*) einer Zeitung in der Schweiz schrieb kürzlich einen Artikel über Wohnstraßen. Um Material zu sammeln, sprach er mit mehreren Anwohnern (*residents*) einer Wohnstraße in Genf. Lesen Sie bitte die Bemerkungen der Anwohner und entscheiden Sie, ob die Anwohner die Wohnstraße für einen Vorteil oder Nachteil halten!

Vorteile der Wohnstraße
Bemerkungen (Nr.) _____

Nachteile der Wohnstraße
Bemerkungen (Nr.) _____

Bemerkung 1: Es gibt einfach nicht genug Parkplätze.

Bemerkung 2: Man hat für den Durchgangsverkehr unserer Stadt nicht adäquat geplant.

Bemerkung 3: Die Wohnstraße bringt bessere Luft und mehr Ruhe.

Bemerkung 4: Dieser Kinderlärm ist ja nicht auszuhalten! Die Kinder tun, als ob sie unsere Wohnstraße besäßen, während der Spielplatz nebenan leer bleibt.

Bemerkung 5: Erst jetzt, seitdem wir die Wohnstraße haben, treffen sich die Menschen und unterhalten sich. Früher wäre das schon wegen des Verkehrs nicht möglich gewesen.

Bemerkung 6: Leider fehlt es zu oft noch immer am guten Willen der Anwohner und jener Autofahrer, die die Wohnstraße als Durchgangsstraße mißbrauchen.

Bemerkung 7: Die Wohnstraße bringt mir mehr Sicherheit.

Bemerkung 8: Jahrzehntelang hat sich die Menschheit auseinandergelebt. Heute werden Probleme miteinander gelöst. Aus Anwohnern werden wieder Menschen und Nachbarn.

E. Leserbrief. Stellen Sie sich vor—Sie wohnen in einer Wohnstraße in der Schweiz. Wählen Sie eine Bemerkung aus der Liste in Übung D und gebrauchen Sie sie als Grundlage für einen Leserbrief an den Redakteur!

Ist unsere Wohnstraße eine wohnlichere Straße? Meine Meinung:

_____

_____

_____

_____

_____

_____, Genf

F. Welches Suffix— -lich oder -ig? Kreuzen Sie das richtige Suffix an, dann schreiben Sie bitte das Wort und die englische Bedeutung!

	-lich	-ig	Deutsch	Englisch
neu-	X	_____	neulich	_____
günst-	_____	_____	_____	_____
nütz-	_____	_____	_____	_____
höf-	_____	_____	_____	_____
vernünft-	_____	_____	_____	_____
tatsäch-	_____	_____	_____	_____
gleichzeit-	_____	_____	_____	_____
schwier-	_____	_____	_____	_____
fröh-	_____	_____	_____	_____
zärt-	_____	_____	_____	_____
eil-	_____	_____	_____	_____
allmäh-	_____	_____	_____	_____
ärger-	_____	_____	_____	_____
berufstät-	_____	_____	_____	_____
regelmäß-	_____	_____	_____	_____
ehr-	_____	_____	_____	_____

G. Sätze zum Wortschatz. Benutzen Sie jedes Wort aus der Liste weiter unten in einem oder mehreren Sätzen! Ihre Sätze sollen zeigen, daß Sie wissen, in welcher Situation man jedes Wort gebrauchen kann.

der Fußgänger _____

erschrecken _____

je . . . desto _____

stattfinden _____

der Fortschritt _____

verbrauchen _____

Thema 12 Kurze Krimis

A. Finger-Wimmis Phantasie. Stellen Sie sich vor: Nachdem Wachtmeister Hauff
mit dem Gefängnisdirektor gesprochen hat, spricht er mit Hugo Wimmerl. Er stellt
einige Fragen an ihn. Wimmerl hat aber eine blühende Phantasie. Statt die Wahrheit
zu sagen, erfindet er tolle Antworten. Schreiben Sie zuerst die richtigen Antworten,
dann Wimmerls phantasievolle Antworten!

1. „Haben Sie diesen Zettel geschrieben?"

   die Wahrheit: _____

   Wimmerls Antwort: „_____

   _____ "

2. „Was steht eigentlich auf dem Zettel?"

   die Wahrheit: _____

   Wimmerls Antwort: „_____

   _____

   _____ "

3. „Warum haben Sie dem Fahrer des Wäschereiautos den Zettel gegeben?"

   die Wahrheit: _____

   Wimmerls Antwort: „_____

   _____

   _____ "

4. „Hatten Sie vor, uns zu verlassen?"

   die Wahrheit: _____

   Wimmerls Antwort: „_____

   _____ "

B. Menschen, Menschen.   Jens Redluff sprach von dem *Platzregen von Gesichtern.*
In diesem *Strom flutender Gesichter* hat er jedoch einige Gesichter deutlich gesehen.
Setzen Sie bitte die folgenden Gesichter in die richtige Reihenfolge! (d.h. Welches
Gesicht sah Redluff zuerst? Welches danach? usw.)

_____   das Gesicht des Soldaten mit den dünnen Lippen

_____   das enttäuschte Gesicht des hübschen Mädchens

_____   das Gesicht des Fahrers, das sich ärgerlich verzog

_____   die strahlend lächelnden Gesichter der zwei Mädchen

_____   das Gesicht des kleinen Mannes mit den Falten auf der Stirn

_____   die Gesichter in der Halle, die sich plötzlich wandten

_____   das Gesicht der Frau mit dem offenen, bemalten Mund

_____   das Gesicht des Alten, der ihm nachstarrte

C. Beschreiben Sie Redluff!   Als Redluff von der Polizei gesucht wurde, „stand
sein Name schwarz auf rotem Papier auf jeder Anschlagsäule zu lesen". Was stand da
eigentlich? Gebrauchen Sie Ihre Phantasie und beschreiben Sie Redluff! Hier sind
einige Vorschläge:

sein Aussehen: wie alt? Größe; Gewicht; Haare; Augen;
Gesicht; besondere Kennzeichen
seine Persönlichkeit: ängstlich? aggressiv? schüchtern?
gefährlich? explosiv? . . .
sein Verbrechen: Dieb? Mörder? Terrorist? . . .

Steckbrief   wanted poster

_____

_____

_____

_____

D. Zwei Stilarten—der Bericht und die Erlebniserzählung.

Nützliche Vokabeln

balancieren auf   der Seiltänzer,- (*tight-rope walker*)
akrobatische Kunststücke vollführen   den Kopf hängen lassen
die Arme auf und ab bewegen   ärgerlich werden
sich niederbeugen (*bend down*)   der Stock

auf jemanden zugehen

schimpfen

verbieten (o,o)

weitergehen

sich umdrehen (*turn around*)

umfallen

der Zaun

nicht alle Tassen im Schrank haben

fröhlich

enttäuscht

unglücklich

verlegen

unerträglich

verrückt

Hoffnungsloser Fall

Der Bericht: Stellen Sie sich vor, Sie sind der Polizist! Gebrauchen Sie die Bildergeschichte, um einen offiziellen Bericht zu schreiben! Dieser Bericht soll objektiv, sachlich (*matter of fact*) und vorurteilsfrei sein.

das Datum: _____

die Tageszeit: _____

der Ort: _____

die Beteiligten (*participants*): _____

das Problem: _____

_____

_____

das Ergebnis: _____

Die Erlebniserzählung (*dramatic narrative*): Sie sind immer noch der Polizist. Sie treffen Ihren alten Freund Wachtmeister Hauff in einer Kneipe und erzählen ihm von Ihrem *hoffnungslosen Fall*. Ihre Erzählung soll lebendig und persönlich sein.

_____

_____

_____

_____

_____

E. Übungen zum Wortschatz.   Im Oval verstecken sich elf Wörter, die aus mindestens vier Buchstaben bestehen. Alle Wörter haben mindestens einen Buchstaben mit den benachbarten Wörtern gemeinsam. Lesen Sie die Wörter von links nach rechts und schreiben Sie sie mit der englischen Bedeutung weiter unten!

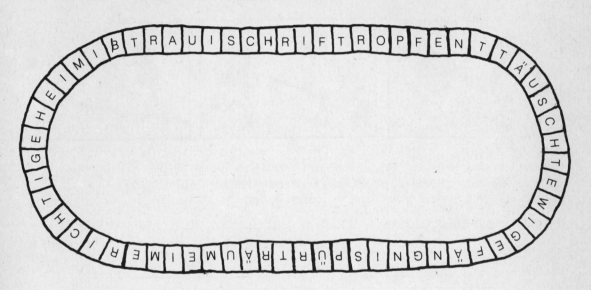

Deutsch	Englisch	Deutsch	Englisch	Deutsch	Englisch
___	___	___	___	___	___
___	___	___	___	___	___
___	___	___	___	___	___
___	___	___	___		

© 1983 by Houghton Mifflin Co.

88   Thema 12

Glücksklee (*four-leaf clover*). Bilden Sie fünf Wörter, die aus sechs Buchstaben bestehen! Für jedes Wort ist der fehlende Buchstabe ein **-e.**

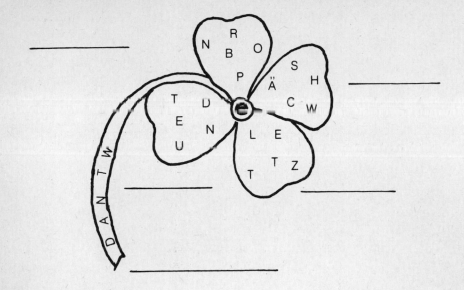

Waagerecht

1. (she) senses
3. foot
4. head
6. awake
11. box
15. forever
16. common, joint
19. schedule
20. south-
23. to disappoint
24. to touch
25. invent!
27. so
28. pursue!

30. before
31. pail
32. to whisper
34. at, on, to
36. so-called
37. board
38. rage

Senkrecht

1. certificates
2. remaining
5. to breathe
7. hat
8. department stores
9. in

10. teams
12. to drip
13. by no means
14. curtains
17. trucks
18. half
21. on, upon
22. laundry
24. I.D.
26. (you) serve
29. parties
33. marriage
34. manner; kind
35. if, whether

Übungen zur Grammatik

Kapitel 1

A. Wilder Besuch. You have been asked to spend a few hours looking after your nephews, Max and Moritz. Describe what Max, age three, does in your dorm room by writing sentences based on the cues.

▶ Max / besuchen / mich *Max besucht mich.*

1. Max / laufen / zuerst im Zimmer herum

   läuft

2. dann / gehen / er zum Kleiderschrank

   geht

3. natürlich / nehmen / er den Schlüssel aus dem Schloß

   nimmt

4. plötzlich / lassen / er den Schlüssel in eine Blumenvase fallen

   läßt

5. dann / versuchen / er // ihn herauszuholen

   versucht

6. das / gehen / aber nicht // und er / werfen / die Vase gegen die Wand

   geht   *wirft*

7. mein Nachbar / werden / böse

   wird

8. ich / werden / verrückt

   werde

B. Manierlich essen?   You must now provide Max and Moritz with their noon meal at the *Mensa* (student cafeteria). Give them the following orders and instructions, using appropriate <u>imperative</u> forms.

▶ Max, du sollst ruhig sitzen!   *Sitz ruhig, bitte!*

1. Moritz, du sollst „Guten Appetit" sagen, bevor wir essen!

   sag „Guten Appetit"

2. Max und Moritz, ihr sollt die Ellenbogen vom Tisch nehmen!

   nehmt die Ellenbogen

3. Moritz, du sollst die linke Hand auf den Tisch legen!

   lege die linke Hand

4. Max, du sollst nicht mit vollem Mund sprechen!

   sprich

5. Max und Moritz, ihr dürft das Gemüse nicht auf den Boden werfen!

   werft

6. Moritz, du darfst deinen kleinen Bruder nicht schlagen!

   schlag

7. Max, du darfst noch nicht aufstehen!

   steh noch nicht auf!

8. Ach Kinder, ihr sollt nicht so unhöflich sein!

   seid nicht so unhöflich

C. Touristen in Bremen.   You and a friend spend a day sightseeing in Bremen. Complete the conversation with the cued modals.

1. Was *sollen* wir zuerst tun? (*should*)

   —Ich *möchte* das schöne Rathaus ansehen. (*would like*)

2. Du *willst* den Ratskeller auch besuchen, nicht? (*want*)

   —Ja, klar. Und nachher *können* wir einen Spaziergang durch das

   Schnoorviertel° machen. (*can*) Übrigens, wenn du Obsttorte *magst* *,   Bremen's oldest quarter

   müssen wir unbedingt in die Schnoorkonditorei. (*like / must*)

   * *gern hast*.

96 . Kapitel 1

© 1983 by Houghton Mifflin Co.

3. __Können__ wir machen! (*can*)

—Aber wir __dürfen__ nicht zu lange dort bleiben, denn ich

__will__ die Museen und Geschäfte in der Böttcherstraße° auch

street famous for fine shops and architecture.

besuchen. (*allowed / intend*)

D. Gespräch in der Konditorei. The *Konditorei* is crowded, and you share a table with a local shop owner. Complete the conversation by supplying the German equivalents and answers.

Sie fragen die Geschäftsfrau:

1. Wie lange __wohnen Sie__ schon in Bremen? (*have you been living*)

— __Schon seit achtzehn Monaten.__ (*(for) 18 months*)

2. Wie lange __besitzen Sie__ schon das Musikgeschäft? (*have you owned*)

— __Seit Juli__ . (*since July*)

3. Wie lange __sammeln Sie__ schon alte Musikinstrumente?
(*have you been collecting*)

— __Seit 12 Jahren__ . (*(for) 12 years*)

Die Geschäftsfrau fragt Sie:

4. Wie lange __gehen Sie__ schon auf die Uni? (*have you been going*)

— __Seit__ .

5. Wie lange __studieren Sie__ schon Deutsch? (*have you been studying*)

— __Seit__ .

E. Präfix-Potpourri. Form complete sentences from the cues.

▶ einsteigen / bitte / ! *Steigen Sie bitte ein!*

1. zumachen / Tür / ! __Machen Sie die Tür zu!__

2. aufmachen / Fenster / bitte / ! __Machen Sie das Fenster auf!__

3. wann / ankommen / Zug / in Bremen / ? __Wann kommt der Zug in B. an?__

4. ich / annehmen // in fünfzig Minuten __Ich nehme an, in fünfzig Minuten.__

5. aussteigen / dort / ? _Steigen Sie dort aus?_

6. ich / möchten / einladen / Sie / zu einer Tasse Kaffee
Ich möchte Sie zu einer Tasse Kaffe einladen.

7. danke // meine Freunde / abholen / mich / bald
Danke, aber leider holen meine Freunde mich bald ab.

Kapitel 2

A. Der Wettlauf (*race*). *Schwänke* are droll stories from the Middle Ages in which the underdog, for example, a maid, a cook, or a student, succeeds in outwitting the overlord, the proprietor, etc. Complete the following adaptation of a *Schwank* called *Der Wettlauf,* by supplying the missing verbs for each section below from the lists provided. Use the verbs in the simple past or the present perfect tense, as appropriate, unless the present tense is indicated by a (P).

ankommen	dürfen	gehen	haben
bestellen	fragen	grüßen	sein

1. Zwei Studenten *kamen* in einem Dorf *an* .

2. Sie *hatten* gar kein Geld, aber sie *waren* doch sehr hungrig und durstig.

3. Sie ~~gehen~~ *gingen* in ein Gasthaus und *grüßten* den Wirt.

4. Er *fragte* : „Was *darf* (P) es sein?"

5. Sie *bestellten* ein gutes, eigentlich recht teures Essen.

anfangen	gefallen	sagen	wollen
fragen	laufen	schmecken	

6. Nach dem Essen *fingen* sie *an* , sich zu streiten.

7. Der Wirt *lief* schnell zu ihnen und *fragte* : „Was ist denn los? ~~Schmeckte~~ *Hat* Ihnen das Essen nicht *geschmeckt* ?"

8. „Doch, doch!" *sagten* sie. „Es *hat* uns so gut *gefallen* , daß wir beide die Ehre haben *wollen* (P), für das ganze Essen zu bezahlen."

bezahlen	haben	laufen	sollen
dürfen	können	machen	wissen

9. Der arme Wirt *wußte* nicht, was er machen *sollte* , aber die klugen Studenten *hatten* natürlich einen Plan.

10. Plötzlich _machte_ ein Student einen Vorschlag.

11. „Na—wir _können_ um die Wette _laufen_ (run a race)! (P)

12. Der Gewinner _darf_ die Rechnung _bezahlen_." (P)

lassen   sein   stehen
laufen   starten zurückkommen

13. Das Ziel _war_ ein Baum, der weit von dem Gasthaus
stand.

14. Der Wirt _ließ_ die Läufer ~~to~~ _starten_.

15. Sie _liefen_ schnell zum Baum, aber sie _kamen_
nicht gleich _zurück_.

denken   nachrufen   warten (2x)
gewinnen   scheinen

16. Der Wirt _rief_ ihnen _nach_, aber sie
schienen ihn nicht zu hören.

17. Er _dachte_: „Das ist ja merkwürdig! Keiner
hat _gewonnen_."

18. Der arme Wirt _wartete_ stundenlang auf einen Gewinner—und
wartet (P) wahrscheinlich immer noch.

B. Verunglückte Reise nach Lübeck. Describe an excursion you and a friend
made to Lübeck by connecting the sentences in the first column with their logical
counterparts in the second column. Use the conjunction *aber* to connect each pair of
sentences. Convert the modals in the first column to the simple past, and the second
column verbs to the past perfect.

▶ Wir sollen um acht abreisen.
Ich stehe zu spät auf.

*Wir sollten um acht abreisen, aber
ich war zu spät aufgestanden.*

1. Ich will einige Fotos machen.
2. Karin soll ein paar Postkarten
   schreiben.
3. Ich will viel Lübecker Marzipan
   kaufen.
4. Wir wollen um halb fünf abfahren.

Wir bleiben zu lange im Holstentor-
   museum.
Ich gebe schon zuviel Geld aus.
Sie vergißt ihr Adreßbuch.
Ich nehme meine Kamera nicht mit.

1. _Ich wollte einige Fotos machen, wir waren geblieben._
2. _Karin sollte ... schreiben, aber ich hatte ... ausgegeben_
3. _Ich wollte ... kaufen, aber ich hatte ... vergessen_
4. _Wir wollten ... abfahren, aber ich hatte ... mitgenommen_

C. Technische Schwierigkeiten.
Stefan and Martina have both had several courses in computers. At a crowded party they are discussing their friend, Christian, who was unable to complete his first programming assignment. Give Stefan's responses first with the modal in the simple past. Then repeat his response in the present perfect tense, using the double infinitive construction.

▶ **Martina:** Warum ist Christian nicht gekommen? (müssen / schreiben)
Stefan: Weil er ein Programm *schreiben mußte.*
Martina: Wie bitte?
Stefan: Weil er ein Programm *hat schreiben müssen.*

1. **Martina:** Warum hat er die Aufgabe nicht früher gemacht? (können / machen)
   Stefan: Weil er sie nicht _machen konnte_ .

2. **Martina:** Wie bitte?
   Stefan: Weil er sie nicht _hat machen können._ .

3. **Martina:** Warum hast du ihm nicht geholfen? (sollen / helfen)
   Stefan: Weil ich ihm nicht _helfen sollte._ .

4. **Martina:** Wie bitte?
   Stefan: Weil ich ihm nicht _habe helfen sollen_ .

5. **Martina:** Warum hat er nicht mit seiner Professorin gesprochen? (wollen / sprechen)
   Stefan: Weil er nicht mit ihr _sprechen wollte_ .

6. **Martina:** Wie bitte?
   Stefan: Weil er nicht mit ihr _hat sprechen wollen_ .

7. **Martina:** Warum hat er mich nicht um Hilfe gebeten? (dürfen / helfen)
   Stefan: Weil du ihm nicht _helfen durftest._ .

8. **Martina:** Wie bitte?
   Stefan: Weil du ihm nicht _hast helfen dürfen_ .

Kapitel 3

A. Reise nach Salzburg. During the *Pfingstferien* (Pentecost break) you and your roommate plan to travel to Salzburg, Austria. Relate to your roommate the phone conversation you are having with your travel agent. Be sure to make the necessary pronoun changes in the indirect clauses.

1. Wann wollen Sie abfahren?

   Er fragt, _____.

2. Wie lange wollen Sie dort bleiben?

   Er fragt, _____.

3. Möchten Sie ein Doppelzimmer mit oder ohne Bad?

   Er fragt, _____.

4. Ein Zimmer ohne Bad ist viel billiger.

   Er sagt, _____.

5. Soll ich Karten fürs Marionettentheater bestellen?

   Er fragt, _____.

6. Kommen Sie am Samstag zurück?

   Er fragt, _____.

B. Das Marionettentheater. Describe your evening at Salzburg's charming *Marionettentheater* by selecting the appropriate conjunctions from the list below to join each pair of the given sentences.

bevor   denn   obwohl   sondern
daß   ob   sobald   während

1. Ich war erstaunt zu sehen. Fast alle Besucher waren Erwachsene.

   _____

2. Das Stück begann. Wir sprachen mit der Frau neben uns.

   _____

3. Sie fragte uns. Haben wir Mozarts *Zauberflöte* schon gesehen?

_____

4. Ich sagte ja. Es ist ein Lieblingsstück von mir.

_____

5. Unsere Plätze waren billig. Wir konnten gut sehen und hören.

_____

6. In der Pause trank ich ein Glas Cola. Andere Besucher tranken Champagner.

_____

7. Nachher gingen wir nicht sofort zum Hotel zurück. Wir gingen in ein Café.

_____

8. Wir können. Wir wollen wieder ins Marionettentheater.

_____

C. Träume. Since there are only few people in the Café, the waitress begins to tell you about her dreams. Complete her statements with *als, wenn,* and *wann* as appropriate.

1. _____ ich jung war, wollte ich Marionettenspielerin werden.

2. Meine Eltern fragten mich, _____ ich diese Idee aufgeben würde.

3. _____ ich davon sprach, sagten sie immer: „Das ist kein Beruf für ein Mädchen!"

4. Letztes Jahr, _____ ich achtzehn wurde, mußte ich einen *praktischen* Job finden.

5. Ich werde immer traurig, _____ ich an meinen Jugendtraum denke.

D. Der letzte Tag in Salzburg. Complete the following clauses in your own words.

1. Ich will noch einmal in die Stadt, bevor _____

_____.

2. Obgleich ich nicht viel Geld habe, _____

_____.

3. Ich will einige Postkarten kaufen, damit _____

_____.

4. Wir können dann um 17 Uhr zurückfahren, oder _____

_____ .

5. Wir wollen eines Tages wieder nach Salzburg, weil _____

_____ .

E. Zu Hause. After you return, a pesky neighbor asks many questions. Answer in the negative.

1. Seid ihr mit der Bahn nach Salzburg gefahren?

_____

2. War euer Hotel sehr teuer?

_____

3. Seid ihr jeden Abend ins Marionettentheater gegangen?

_____

4. Habt ihr das Spielzeugmuseum besucht?

_____

5. Wart ihr heute morgen sehr müde?

_____

6. Habt ihr oft an mich gedacht?

_____

1983 by Houghton Mifflin Co.

Kapitel 4

A. Klagen. The new landlady wants to upgrade your apartment building. Explain your problems by converting the cues below into full sentences. Make each noun plural.

▶ unser / Wand / sein / schmutzig *Unsere Wände sind schmutzig.*

1. manch / Zimmer / sein / viel zu klein

   _____

2. drei / Spiegel / sein / kaputt

   _____

3. manch / Stuhl / sein / unbequem

   _____

4. einig / Bett / sein / zu weich

   _____

5. zwei / Waschmaschine / sein / kaputt

   _____

B. *Nicht* oder *kein*? Willi Klausen's neighbor, Daniel Weißer, asks him for advice. Daniel's wife wants him to become a *Hausmann,* like Professor Klausen. Complete the conversation by inserting *nicht* or the correct forms of *kein* as appropriate.

1. **Weißer:** Ich muß Ihnen sagen, ich will _____ Hausmann sein.

   Ich habe _____ Lust, die Wohnung zu putzen.

   Klausen: Ihre Frau putzt wahrscheinlich auch _____ gern, aber einer von Ihnen muß es machen.

2. **Weißer:** Ja, das stimmt schon. Aber wissen Sie, ich habe _____ Zeit dafür.

Klausen: Aber Sie sind beide Studenten, _____? Ihre Frau hat genauso wenig Zeit wie Sie. Und Sie kochen _____, Sie machen _____ Betten, Sie spülen _____ Geschirr, Sie gehen _____ einkaufen.

3. **Weißer:** Tja . . . Wenn Sie es so beschreiben, ist es eigentlich _____ fair von mir. Den Haushalt soll sie _____ allein machen. Den werden wir von jetzt an gemeinsam machen.

Klausen: _____ schlechte Idee.

C. Wer macht was? Sabrina questions Andreas about various members of his family. Fill in the correct form of the cued possessive adjectives.

1. **Sabrina:** Hat _____ Vater immer noch sein Fotogeschäft? (*your*)

   Andreas: Ja, _____ Geschäft ist noch an derselben Ecke. (*his*)

2. **Sabrina:** Studiert _____ Mutter noch Physik? (*your*)

   Andreas: Ja, _____ Kurse sind sehr schwer, aber interessant. (*her*)

3. **Sabrina:** Sind _____ Großeltern schon von Norwegen zurück? (*your*)

   Andreas: Ja, _____ Reise war ziemlich anstrengend. (*their*)

D. Seine Meinung. Uncle Franz gives a running commentary to his niece's description of a trip to Mainz. Supply the appropriate demonstrative pronouns.

1. Melanie: Ich habe den berühmten Dom gesehen.

   Onkel Franz: Ach ja, _____ ist riesig, nicht?

2. Melanie: Ich habe das Gutenberg-Museum besucht.

   Onkel Franz: _____ ist wirklich ein interessantes Museum!

3. Melanie: Ich habe Mainzer Käse probiert.

   Onkel Franz: Ich finde, _____ schmeckt nach Seife!

4. Melanie: Ich habe die römischen Aquädukte fotografiert.

   Onkel Franz: Gut, _____ sind ja von historischer Bedeutung!

5. Melanie: Ich bin in der Altstadt spazierengegangen.

   Onkel Franz: _____ hat schöne, alte Gebäude, nicht?

Kapitel 5

A. Ein schlechtes Gewissen?   In the midst of rush-hour traffic, a police siren sounds. Several drivers and passengers become nervous. Complete the questions below and give responses, supplying appropriate personal pronouns.

▶ Herr Winter fährt; Herr Reh sitzt neben ihm.
Herr Winter sagt: „Ich bin es nicht. Meint der Polizist *mich*?“
Herr Reh sagt: „Ach nein, *Sie* meint er bestimmt nicht.“ (*oder:* „Ich fürchte, er meint *Sie!*“)

1. Inge fährt; Klaus sitzt neben ihr.

   Inge: „Ich bin es nicht. Meint er _____?“

   Klaus: „_____ “

2. Uwe fährt; Paula sitzt neben ihm.

   Paula: „Wir sind es nicht. Meint er _____?“

   Uwe: „_____ “

3. Frau Keller fährt; Frau Jens sitzt neben ihr.

   Frau Jens: „Sie sind es nicht. Meint er _____?“

   Frau Keller: „_____ “

4. Erik fährt; Nicole sitzt neben ihm.

   Nicole: „Du bist es nicht. Meint er _____?“

   Erik: „_____ “

5. Anja fährt; Kai, ein junger Fahrschullehrer, sitzt neben ihr; Lore sitzt hinter ihnen.

   Lore: „Ihr seid es nicht. Meint er _____?“

   Kai: „_____ “

B. Volksmusikkonzert. A student group in Heidelberg has planned a summer concert in the *Schloßgarten*. A local journalist is interviewing the group's representative, Petra, for an article. Supply her responses using the cues provided.

1. **Martin:** Wann kommen die Musiker in Heidelberg an? (nächst / Samstag)

   Petra: _____

2. **Martin:** Und wie lange bleiben sie hier? (nur / ein Tag)

   Petra: _____

3. **Martin:** Wann beginnt ihr Konzert? (um / 19.30)

   Petra: _____

4. **Martin:** Und wie lange soll es dauern? (ganz / Nacht)

   Petra: _____

5. **Martin:** Was? Im Schloßgarten wird das aber nicht erlaubt! (bis / 1.00)

   Petra: Na, _____

C. Fundbüro (*lost-and-found*). After the concert, dozens of people swarm the lost-and-found booth. Complete the requests as cued. Begin the harried worker's questions with *wer, wen,* or *was* as appropriate.

▶ Ich kann *meinen Neffen* nicht finden.
  —*Wen* können Sie nicht finden?

1. Meine Freundin kann _____ Tasche nicht finden. (ihr)

   — _____ ist weg?

2. Gibt es hier _____ Restaurant? (ein)

   — _____ haben Sie gefragt?

4. Wir suchen _____. (ein Polizist)

   — _____ suchen Sie?

5. Wann kann ich _____ Heidelberger Schloß ansehen? (das)

   — _____ hat meinen Reiseführer?

6. Gibt es hier _____ Toiletten? (kein)

   — _____ will das Kind?

7. Wir können _____ Bus nicht finden. (unser)

   — _____ kann diesen Touristen helfen?

D. Der unmögliche Hund. While your neighbors were away, you took care of their dog. Complete your note to a friend describing the experience. Refer to the English version below for the necessary cues.

Dear Kathrin,
Last month my neighbor asked me if I could take care of their dog. He and his family had traveled through the Alps last summer and also wanted to take such a trip this year—but without the dog. I needed only to feed the little animal.

I didn't have anything against this idea. I assured my neighbor that I'd be glad to do it for him and his family.

Normally I like dogs, but I found this one impossible! He ran through my garden every day and didn't leave a flower standing. Almost all night he ran along our fence and barked. Every time I brought him into the house, he immediately ran around the kitchen table. Then he went into the bedroom and bumped against my desk, my stereo, and even the bed.

Last Sunday, the neighbors finally returned. Without their dog my life is much more quiet, but maybe also a little more boring.

Your(s), _____

Liebe Kathrin!
_____ hat _____ Nachbar _____

gefragt, ob ich _____ Hund sorgen könnte. Er und seine Familie waren

_____ Alpen gereist und wollten

_____ auch _____ Reise machen—aber _____

Hund. Ich brauchte _____ Tierchen nur zu füttern.

Ich hatte nichts _____ Idee. Ich versicherte

_____, daß ich das gerne _____ und

_____ Familie tun würde.

Normalerweise habe ich Hunde gern, aber _____ fand ich

unmöglich! Er lief _____ Garten

und ließ _____ Blume stehen. Fast _____

lief er _____ Zaun entlang und bellte. Jedes Mal, wenn ich

_____ ins Haus brachte, lief er sofort _____ Küchentisch.

Dann ging er ins Schlafzimmer und stieß _____ Schreibtisch,

_____ Stereoanlage und sogar _____ Bett.

_____ sind _____ Nachbarn endlich

zurückgekommen. _____ Hund ist _____ Leben viel

ruhiger, aber vielleicht doch auch ein bißchen langweiliger.

Dein(e) _____

Kapitel 6

A. Der Brief. A rural postmaster is questioned by his curious family. Complete his answers with appropriate prepositions and endings as required.

1. Wo warst du? —Ich bin _____ unser_____ Nachbarin gegangen.

2. Warum denn? —Sie hat ein_____ Brief _____ Amerika bekommen.

3. Wer hat den Brief geschrieben? —Er war _____ ihr_____ Sohn.

4. Wo wohnt er denn? — _____ Chicago. Ich glaube, daß sein_____

   Frau _____ Chicago kommt.

5. Wie lange wohnt er schon dort? — _____ drei Jahr_____.

6. Was hat er seiner Mutter geschrieben?

   —Daß er nicht _____ Hause kommen kann.

7. Was meinst du? Wird sie denn zu ihm fahren?

   —Mein_____ Meinung _____ bleibt sie _____ Hause.

8. Aber warum? —Sie hat nur gesagt, _____ ihr sind alle weg.

B. Noch ein Schwank. „Der fahrende Schüler aus dem Paradies" is a *Schwank* that has been popular since the Middle Ages. Complete the conversations between the kind-hearted *Bäuerin,* her second husband (the *Bauer*), and the crafty student. Follow the directions given for each section.

1. Supply appropriate prepositions.

Student: Guten Tag, gnädige Frau. Ich komme _____ Paris.

Bäuerin: Oh, Sie kommen _____ dem Paradies. Dann sind Sie _____ meinem ersten Mann bekannt.

Student: Ach ja, er ist ein guter Freund _____ mir. Er wohnt mir _____.

2. Supply the correct forms of the following verbs: *fehlen, helfen, passieren, raten, schmecken, tun (2×).*

Bäuerin: Sagen Sie mir, wie geht es meinem Mann?

Student: Leider nicht gut. Es _____ mir leid.

Bäuerin: Was ist ihm _____? _____ meinem armen Mann etwas?

Student: Ja, das Essen _____ ihm nicht. Er braucht Wein und Wurst. Die Füße _____ ihm auch weh. Er braucht Schuhe und Geld.

Bäuerin: _____ Sie mir! Was kann ich tun, um meinem Mann zu _____?

3. Supply the correct form of the appropriate pronouns.

Student: Geben Sie _____ Wein und Wurst, und ich bringe

_____ die Sachen, wenn ich ins Paradies komme.

Bäuerin: Oh, wie kann ich _____ danken?

Student: Sie brauchen _____ nicht zu danken. Ihr Mann ist mein Freund, und ich helfe _____ gern. Glauben Sie _____!

Fünfzehn Minuten später:
Bäuerin: Warum bist du _____ böse?

Bauer: _____ hast du meine Sachen gegeben? Sie gehören

_____ —nicht _____. Hole _____ mein Pferd! Ich reite dem Studenten nach.

4. Express in German, using the following verbs: *folgen, geben, gehen, helfen, kommen, können (2×), schenken, sehen, sein.*

Bauer: *(Young man, have you seen a student?)*

_____

Student: *(Yes, he just went into the woods. Give me your horse. Otherwise you can't follow him.)*

_____

Bauer: *(I'm so grateful to you)* _____

Eine halbe Stunde später:
Bäuerin: *(Why haven't you come home with your horse?)*

_____

Bauer: *(Oh, I gave it to the student so that he can help your first husband faster.)*

_____

Kapitel 7

A. Eine größere Anschaffung. You wonder just how many of your friends and acquaintances own computers. Give their answers using the reflexive and the cued time expressions.

▶ Alex, hast du einen Computer? (letzt / Woche)
—Ja, ich habe *mir letzte Woche* einen gekauft.

1. Und unser Chef? (vor / ein Monat)

   —Natürlich. _____.

2. Herr Halle, haben Sie auch einen Computer? (letzt / Januar)

   —Ja, sicher. _____.

3. Und Ihre Nachbarn? (in / Dezember)

   —Ja, _____.

4. Ilse, hast du schon einen Computer? (an / Freitag)

   —Ach ja! _____.

5. Monika und Lars, habt ihr auch einen Computer? (vor / zehn Tage)

   —Ja, _____.

6. Und euere Ärztin—hat sie einen Computer? (letzt / Frühling)

   —Natürlich. _____.

7. Frau Becker, haben Sie und Ihre Kollegen auch einen Computer? (vor / ein Jahr)

   —Ja, _____.

B. Ein Museumsbesuch. Elke and Rita plan a visit to Munich's *Deutsches Museum der Naturwissenschaft und Technik*. Complete their telephone conversation by selecting seven appropriate reflexive verbs from the list below.

sich etwas ansehen   sich fragen   sich leisten
sich warm anziehen   sich besser fühlen sich setzen
sich an die Arbeit machen sich interessieren sich treffen
sich ausziehen

1. **Elke:** Bist du immer noch krank?

   Rita: Nein, seit gestern _____ ich _____.

2. **Elke:** Soll ich dich dann morgen um halb elf abholen?

   Rita: Ja, oder wir können _____ an der Brücke _____
   und von da aus zu Fuß gehen.

3. **Elke:** Ja, das können wir machen. Aber du—es soll morgen kalt sein.

   Rita: Ja, ja. Ich _____.

4. **Elke:** Weißt du schon, welche Abteilungen du besuchen willst?

   Rita: Es gibt so viele! Aber ich _____ besonders für
   Musikinstrumente und Keramik.

5. **Elke:** Und weißt du schon, was ich machen will?

   Rita: Natürlich! Du willst _____ das Planetarium _____.

6. **Elke:** Richtig. Wollen wir nachher essen gehen?

   Rita: Gerne. Das können wir _____, nicht?

7. **Elke:** Na . . . eigentlich nicht. Aber wir machen's doch! Ach, meine Chefin ruft mich.

   Rita: Dann mußt du _____. Bis morgen, dann.

C. Wer hat was gesehen? After a robbery at the *Deutsches Museum*, police try to
take statements from the two night guards. Complete their testimonies with the cued
prepositional expressions.

1. Was haben Sie getan, als Sie den Alarm hörten?

   Max: Ich ging sofort _____. (*into the room*)

   Wim: Nein, Max. Du bist _____ gegangen. (*behind the door*)

2. Und was haben Sie dann getan?

   Max: Der Dieb lief _____ am Fenster.
   (*between those tables*) Ich verfolgte ihn.

   Wim: Max, du spinnst! Du lagst _____.
   (*behind the door / on the floor*) Du hast die Augen geschlossen und die Hände
   _____ gehabt. (*over the ears*)

3. Wie sah der Dieb aus?

Max: Er war etwa vierzig. Er hatte rotes Haar und eine lange Narbe (*scar*)

_____. (*under his left eye*)

Wim: Aber Max! Wir wissen das nicht. Er hatte sich einen Strumpf

_____ gezogen. (*over the face*)

4. Was hat er gestohlen?

Max: Eine billige Kuckucksuhr, die dort _____ hing,

_____ Taschenuhrensammlung. (*on the wall / above the*)

Wim: Max, das ist lächerlich. Es war eine kostbare astronomische Uhr, die hier

_____ stand, _____ Glaswand.

(*on the table / behind this*) Die Uhr wog _____ 20 Pfund. (*more than*)

5. Wie hat der Dieb das Zimmer verlassen?

Max: Er stand einen Augenblick _____ da drüben und

dann sprang er plötzlich _____. (*in front of the window / out*)

Wim: Max, du redest Unsinn. Er holte sich einen Stuhl, stellte ihn

_____, kletterte _____, öffnete das

Fenster und kroch durch die Öffnung. (*under the window / on it*)

D. Zu ist nicht immer *to*. Complete the following account with the appropriate prepositions and articles when necessary.

Ich kam heute nachmittag _____ dir. Warum bist du übrigens nicht

sofort _____ Tür gekommen? Ich brachte meine Landkarte mit, damit wir unsere

Reise _____ Europa planen konnten. Wir wollten beide zuerst _____ München

fahren. Du wolltest nachher _____ Schweiz. Ich wollte _____ Österreich. Da

wir uns nicht entschließen konnten, gaben wir auf und fuhren _____ Stadt. Wir

gingen zuerst _____ Post. Du hattest _____ deine Tante geschrieben und

wolltest den Brief heute abschicken. Dann gingen wir _____ Kino. Morgen haben

wir vor, _____ Land zu fahren. Wir lassen diese Präpositionen

_____ Hause.

NAME _____ DATE _____

Kapitel 8

A. Länder der Bundesrepublik. You and others were offered study-abroad scholarships but were unable to accept them. For each question-answer pair below, locate the host city on the map on the following page and identify the *Land*. Then complete each exchange with the appropriate *Land* and verb in the past-time subjunctive.

▶ In welchem Land *hätten* Sie gewohnt, wenn Sie an der Universität Mainz studiert *hätten? Ich hätte in Rheinland-Pfalz gewohnt.*

1. In welchem Land _____ Ihre Freundinnen gewohnt, wenn sie auf die Universität München gegangen _____?

   _____

2. In welchem Land _____ Ihr Bruder gewohnt, wenn er die Universität Hamburg besucht _____?

   _____

3. In welchem Land _____ du gewohnt, wenn du auf die Universität Heidelberg gegangen _____?

   _____

4. In welchem Land _____ dein Vetter gewohnt, wenn er auf die Universität Marburg gegangen _____?

   _____

5. In welchem Land _____ Sie und Ihre Schwester gewohnt, wenn Sie an der Universität Kiel studiert _____?

   _____

6. In welchem Land _____ deine Kollegin gewohnt, wenn sie an der Universität Bonn studiert _____?

   _____

NORDSEE

OSTSEE

DÄNEMARK

NORDFRIESISCHE INSELN

SCHLESWIG-HOLSTEIN

Helgoland

Kiel

Rügen

Lübeck

Rostock

OSTFRIESISCHE INSELN

Bremerhaven

Schwerin

Müritz

Hamburg

BREMEN

HAMBURG

Elbe

Bremen

LÜNEBURGER HEIDE

NIEDERLANDE

NIEDERSACHSEN

Havel

BERLIN

Osnabrück

Hannover

Berlin

Oder

Münster

Braunschweig

Neu-Brandenburg

Potsdam

Frankfurt

Weser

Magdeburg

Spree

NORDRHEIN-WESTFALEN

HARZ

Wittenberg

Dortmund

Cottbus

Ruhr

Göttingen

Saale

Halle

Leipzig

Neiße

Essen

Kassel

Meißen

Dresden

Düsseldorf

Köln

Weimar

Erfurt

Jena

Gera

Karl-Marx-Stadt

BELGIEN

Aachen

Bonn

THÜRINGER WALD

Zwickau

Marburg

Suhl

Koblenz

Gießen

HESSEN

ERZGEBIRGE

EIFEL

Bacharach

Wiesbaden

RHÖN

Mosel

Bingen

Mainz

Frankfurt

Main

Trier

Würzburg

Bayreuth

TSCHECHOSLOWAKEI

RHEINLAND-PFALZ

Mannheim

BAYERISCHER WALD

LUXEMBURG

Saarbrücken

Heidelberg

Neckar

Nürnberg

SAARLAND

Rothenburg

FRANKREICH

Karlsruhe

Regensburg

Donau

Baden-Baden

Stuttgart

Tübingen

Ulm

BAYERN

Isar

Passau

0 50 100 150 km

BADEN-WÜRTTEMBERG

Augsburg

München

Inn

0 50 100 mi

SCHWARZWALD

Freiburg

Starnberger See

Chiemsee

Bodensee

Tegernsee

Berchtesgaden

ALPEN

Konstanz

Zugspitze

Garmisch-Partenkirchen

ÖSTERREICH

LIECHTENSTEIN

SCHWEIZ

BUNDESREPUBLIK DEUTSCHLAND/DEUTSCHE DEMOKRATISCHE REPUBLIK

B. Hochschulen in der BRD und der DDR. Where would you live if you attended the institutions of higher education listed below? For each school check the appropriate column. Refer to the map.

Wenn ich hier studierte, dann würde ich in der	Bundesrepublik	/	DDR wohnen.
1. Hochschule für Musik „Franz Liszt", Weimar	_____		_____
2. Tierärztliche Hochschule Hannover	_____		_____
3. Technische Hochschule Aachen	_____		_____
4. Pädagogische Hochschule Potsdam	_____		_____
5. Universität Tübingen	_____		_____
6. Ingenieurhochschule Leipzig	_____		_____
7. Medizinische Akademie Magdeburg	_____		_____
8. Pädagogische Hochschule (PH) Karlsruhe	_____		_____
9. Technische Universität Dresden	_____		_____
10. Universität Göttingen	_____		_____
11. Universität Rostock	_____		_____

C. Was bringt die Zukunft? Express wishes you have for yourself and others to study at some of the schools named in Exercise B.

▶ Hoffentlich kann mein Bruder an der Universität Tübingen studieren.
  Wenn er nur an der Universität Tübingen studieren könnte!
  (oder: *Ich wollte, er könnte an der Universität Tübingen studieren!*)

1. Hoffentlich darf ich an der Tierärztlichen Hochschule Hannover studieren.

   Wenn _____

2. Hoffentlich könnt ihr an der Technischen Hochschule Aachen studieren.

   Wenn _____

3. Hoffentlich wollen die jungen Musiker an der Hochschule für Musik in Weimar studieren.

   Wenn _____

4. Hoffentlich kannst du an der Universität Göttingen studieren.

   Ich wünschte, _____

5. Hoffentlich kann meine Kusine an der Universität Rostock studieren.

   Wenn _____

6. Hoffentlich können wir an der PH Karlsruhe studieren.

   Ich wollte, _____

D. Große Pläne. A tourist tries to convince an already contented fisherman that he knows how to improve the fisherman's life. Express the tourist's wishes and the fisherman's rejoinders in the present-time general subjunctive.

1. Wenn Sie nur dreimal oder viermal täglich _____! (ausfahren)

   —Dann _____ ich nicht stundenlang _____. (können/dösen)

2. Wenn Sie nur ein Fischrestaurant _____! (aufmachen)

   —Dann _____ ich den ganzen Abend _____! (müssen/abwaschen)

3. Wenn Sie nur Hummer (*lobsters*) direkt nach Paris _____! (exportieren)

   —Dann _____ ich Französisch _____. (müssen/lernen)

4. Wenn ich Sie nur zur Arbeit _____! (können/treiben)

   —Dann _____ ich jeden Tag hundemüde. (sein)

E. Das Wiedersehen. The tourist and the fisherman meet again after ten years. The tourist reminisces about what might have been. Convert their earlier conversation in Exercise D, to the past-time subjunctive.

1. _____

   — _____

2. _____

   — _____

3. _____

   — _____

4. _____

   — _____

F. Der Fischer spricht. At last the fisherman has his say. Convert his statements to *als ob* (*als wenn*) clauses.

1. Sie wußten damals alles besser.

   Sie tun so, _____.

2. Sie verstehen mich.

   Sie tun so, _____.

3. Sie sind nicht neidisch auf mich.

   Sie tun so, _____.

Kapitel 9

A. Warum denn? Express Rudi's concern about his roommate Lars by completing his statements with the cued genitive prepositional phrases and expressions.

1. _____ saß Lars jedes Wochenende allein im Zimmer. (während / Winter)

2. Es ist jetzt richtig Frühling. Das Wetter ist herrlich! Aber

   _____ will er am Wochenende nicht rausfahren. (trotz / Wetter)

3. Ich fragte Lars, ob er am Samstag ein Picknick machen wollte. Er sagte:

   „Nein, danke, diesen Samstag nicht, aber vielleicht _____." (ein / Tag)

4. Ich weiß wirklich nicht, warum er nie mitkommt. Er sagt nur:

   „_____." (wegen / meine Arbeit)

5. Seine feste Freundin wohnt jetzt _____, _____.
   Er ruft sie an, aber er will nie zu ihr fahren. (außerhalb / Stadt // jenseits / Autobahn)

6. Er muß _____ Examen machen. (innerhalb / ein Jahr)

7. _____ spielte er stundenlang Karten, obwohl er am nächsten Tag eine schwere Klausur schreiben mußte. (ein / Abend)

B. Friedrichshafen. One Sunday you visit the Zeppelin-Museum. Small notices on doors and in exhibit rooms make your visit disappointing. Write about it to a friend. First, convert the notices below to the passive voice, dropping the bracketed pronouns. Then, write the numbers of the notices in their proper places in the letter that follows.

▶ Zur Zeit reparieren (wir) die Modelle.
Zur Zeit werden die Modelle repariert.

1. Am ersten Juli werden (wir) das Café leider schließen.

   _____

2. Die Stadtverwaltung und die Bundesregierung unterstützen das Zeppelin-Museum.

   _____

3. Hier darf (man) nicht fotografieren.

_____

4. (Man) öffnet das Museum sonntags um 12 Uhr.

_____

5. (Wir) müssen Teile des Gebäudes renovieren.

_____

6. (Wir) haben diese Ausstellung Ende Mai nach Amerika geschickt.

_____

Liebe(r) _____!   Konstanz, den 1. Juli

    ich wollte heute morgen um 10 ins Zeppelin-Museum, aber was habe ich gelesen,
als ich ankam . . . ____   _____

    Ich mußte also zwei Stunden warten. Ich ging um die Ecke zu einem Café. Was
stand aber an einer Tafel vor der Tür? ____   _____

    Heute ist der erste Juli. Endlich machte das Museum auf. Ich wollte zuerst die *Graf
Zeppelin* und *Hindenburg* Luftschiffmodelle ansehen, aber ich konnte sie nirgends
finden, nur eine kleine Karte . . . ____   _____

    Ich wollte einige Fotos von den Modellen der Fahrgasträume machen. Dann
las ich . . . ____   _____

    Also gut, dachte ich. Dann sehe ich mir die Bilderausstellung an. Aber . . . ____   _____

    Du hast mir gesagt, daß die Ausstellung im dritten Stock besonders interessant ist.
Aber was fand ich dort? „Wir bitten um Verständnis" . . . ____   _____

    Als ich das Museum verließ, sah ich noch eine kleine Karte. Was nun, fragte ich
mich? Aber darauf stand nur . . . ____   _____

    Hoffentlich kann ich eines Tages zurückkommen!

                                      Dein(e) _____

C. Bei der Eröffnung. The opening day of the Zeppelin-Museum was a grand
event for Friedrichshafen. Convert the following statements from news articles to the
impersonal passive.

▶ Gestern feierte man in Friedrichshafen die Eröffnung des Zeppelin-Museums.
Gestern wurde in Friedrichshafen die Eröffnung des Zeppelin-Museums gefeiert.

1. Am Nachmittag redete man viel.

_____

2. Nachher hat man gegessen.

_____

3. Bis spät in die Nacht tanzte man.

_____

4. Bis zwei Uhr hat man gesungen und getrunken.

_____

D. Gründe. After leading a tour through southern Germany, you are asked to submit a written evaluation for each hotel. Complete your reasons for giving the *Hotel Kaiser* a poor rating by inserting the correct prepositions and pronouns in the sentences below.

1. Die Hotelgäste wurden _____ die laute Musik in der Kneipe gegenüber gestört. (bei, durch, von)

2. Zwei Gäste fragten, wo sie ein billiges Restaurant finden könnten.

   _____ wurde nicht geantwortet. (sie, ihr, ihnen)

3. Ein Gast sah eine Maus in seinem Zimmer. _____ wurde aber nicht geglaubt. (er, ihn, ihm)

4. Eine Touristin verlor ihre Reiseschecks. Ihr wurde _____ dem Direktor des Hotels nicht geholfen. (bei, mit, von)

Kapitel 10

A. Feiertage. Hoping to spend a year in Bonn, you gather information. Complete the following information on holidays by writing out the cued ordinal numbers.

1. Der Tag der Arbeit (*Labor Day*) wird am (1.) _____ Mai gefeiert.

2. Der (17.) _____ Juni ist der Tag der Einheit (*Day of National Unity*).

3. Deutsche Kinder freuen sich auf den (6.) _____ Dezember, wenn Sankt Nikolaus kommt.

4. Sowohl der (25.) _____ als auch der (26.) _____ Dezember sind allgemeine Feiertage.

5. Am (31.) _____ Dezember feiert man Sylvester (*New Year's Eve*).

B. Eine neue Stelle. Describe the first day of your summer job in the office of an import-export company. Complete the account below with the appropriate endings.

1. Ich mußte am Vormittag mehrer____ lang____ Briefe übersetzen.

2. Es gab einig____ deutsch____ Ausdrücke, die ich einfach nicht verstehen konnte.

3. Wolf, ein____ gut____ Bekannt____ von mir, der schon seit zwei Jahren im Büro arbeitet, hat mir glücklicherweise geholfen.

4. Hoffentlich sind nicht all____ deutsch____ Geschäftsbriefe so kompliziert

   wie dies____ .

5. Vielleicht hatte ich solch____ groß____ Schwierigkeiten, weil heute

   mein____ erst____ Tag im Büro war.

C. Immer das Beste. Complete the following ads by inserting the appropriate comparative or superlative endings.

1. Niemand verkauft gebrauchte Autos billig____ als wir!

2. D____ toll____ Geschenke finden Sie immer bei Henkelmann!

3. Bäckerei Heine—bei uns sind die Brötchen am frisch_____!

4. Fahren Sie mal nach Griechenland—für d____ glücklich____ Urlaub Ihres Lebens!

5. Wollen Sie weiß____ Zähne? Dann kaufen Sie *Glanz*!

6. Leute, die die scharf____ Bilder und die hell____, natürlich____ Farben verlangen, kaufen nur Chromafilm. (Note: *scharf* takes umlaut.)

7. Südtirol—wo die Leute freundlich____ sind, und die Gasthäuser gemütlich____!

D. Friedensdemonstration. After another peace demonstration in Bonn, two organizers critique the day's events and compare this demonstration with earlier ones. Complete their conversation supplying endings, including comparative and superlative endings where necessary.

1. **Markus:** Was meinst du? Was war d____ Best____ an dieser Demonstration?

   Sonja: Daß sie wieder ein____ friedlich____ Demonstration war.

2. **Markus:** Ja, das meine ich auch. Und was war d____ Schlecht____?

   Sonja: Wahrscheinlich, daß „das Komitee für den wahren Frieden" diesmal viel

   laut____ und unruhig____ war als in d____ letzt____ drei Jahr____.

   Markus: Das stimmt. Mehrer____ schreiend____ Demonstranten standen d____

   ganz____ Nachmittag an d____ alt____ Brücke.

3. **Sonja:** Was hast du von d____ viel____ Redner____ und Sänger____ gehalten?

   Markus: Ich habe mehrer____ ausgezeichnet____ Lieder gehört, aber

   mein____ Meinung nach haben einig____ wichtig____ Beamte zu lange geredet.

   Sonja: Ja, das stimmt schon. Aber d____ Wichtig____ war, daß dies____

   Mächtig____ zu____ erst____ Mal überhaupt gekommen sind.

NAME _____ DATE _____

Kapitel 11

A. Sehenswürdigkeiten. While sightseeing in *Luzern*, Switzerland, Lore is not hesitant to ask others for directions. However, she always forgets a vital piece of information in her questions, which Inge must supply. Combine each pair of utterances into a single sentence containing a relative clause.

▶ **Lore:** Wo finden wir das Museum?
Inge: Das Museum ist für seine Transportausstellungen bekannt.
Lore: Genau! Wo finden wir aber das Museum, *das für seine Transportausstellungen bekannt ist?*

1. **Lore:** Wo finden wir die Brücke?
   Inge: Die Brücke hat Bilder aus dem 17. Jahrhundert.
   Lore: Genau! Wo finden wir aber die Brücke,

   _____

2. **Lore:** Wo finden wir das Stadtviertel?
   Inge: Das Stadtviertel ist nur für Fußgänger.
   Lore: Genau! Wo finden wir aber das Stadtviertel,

   _____

3. **Lore:** Wo finden wir die Uhrengeschäfte?
   Inge: In den Geschäften sind die Waren am billigsten.
   Lore: Genau! Wo finden wir aber die Uhrengeschäfte,

   _____

4. **Lore:** Wo finden wir die Haltestelle für den Autobus?
   Inge: Der Autobus fährt zum Richard-Wagner-Museum.
   Lore: Genau! Wo finden wir aber die Haltestelle für den Autobus,

   _____

© 1983 by Houghton Mifflin Co.

Kapitel 11   **129**

5. **Lore:** Wo finden wir das Reisebüro?

   Inge: In diesem Reisebüro kann man Karten für die Fahrt auf dem Vierwaldstätter See kaufen.

   Lore: Genau! Wo finden wir aber das Reisebüro,

   _____

6. **Lore:** Wo finden wir das kleine Restaurant?

   Inge: Seine Fonduespezialitäten sind berühmt.

   Lore: Genau! Wo finden wir aber das kleine Restaurant,

   _____

B. Kluge Wörter. Complete the following proverbs and expressions with the appropriate indefinite relative pronouns.

1. Es ist nicht alles Gold, _____ glänzt.

2. _____ zuletzt lacht, lacht am besten.

3. Das ist doch das Schönste, _____ es überhaupt gibt!

4. Mach die Augen zu! Alles, _____ du siehst, gehört dir.

5. _____ mit Hunden schläft, steht mit Flöhen (_fleas_) auf.

C. Eine traurige Geschichte. Two friends discuss the plight of a mutual acquaintance, recounting what they have heard from others. Convert the direct quotations to indirect discourse, using the general subjunctive.

1. Ich habe gehört, _____
   (Der Mann hat seine Arbeit in der Fabrik gehaßt.)

2. Der Arzt sagte ihm, _____
   (Er darf nicht mehr so schwer arbeiten.)

3. Seine Frau sagte mir, _____
   (Er ist letzten Frühling sehr krank geworden.)

4. Ein Freund hat mich gefragt, _____
   (Liegt er immer noch den ganzen Tag im Bett?)

5. Seine Frau sagte ihm, _____
   (Er wird sicher wieder arbeiten.)

D. Was sagt man?   Answer the following questions with special subjunctive wishes or commands. Use the cues provided. Pair your subjunctive wishes and commands with the appropriate questions.

wir / sein / froh // daß alles / ist vorbei   wir / essen / !
Gott / sein / Dank / !   wir / nehmen / als Beispiel . . .

1. Was sagt man, wenn man seine Prüfung bestanden hat?

   _____

2. Was sagt man, wenn das Essen auf dem Tisch steht?

   _____

3. Was sagen Professoren, wenn sie etwas erklären wollen?

   _____

4. Was sagen Studenten am Ende des Semesters?

   _____

E. Ein brennendes Problem.   A newscaster reports on a speech given at the *Universität Köln* by a leading spokesman for energy conservation. Complete her news report by converting the direct quotations to indirect discourse. Use the special subjunctive whenever possible.

1. Warum interessiert sich kaum jemand für weggeworfene Energie?

   Herr Wolff fragte, _____

2. Niemand darf Energie wegwerfen.

   Er warnte die Studenten, _____

3. Wie kann man Energie auf dieser Universität sparen?

   Er fragte, _____

4. Wie wird man noch mehr Energie sparen können?

   Er fragte auch, _____

5. In den letzten Jahren ist man immer weniger mit Bus und Zug gefahren.

   Er meinte, _____

6. Fahren die Deutschen nicht viel zu oft mit dem Auto?

   Er fragte, _____

7. Überlegen Sie sich, was die Privatperson tun muß!

   Er sagte den Studenten, _____

Kapitel 12

A. Schon wieder?   Two roommates at the *Freie Universität* in West Berlin want to attend a play at the *Waldbühne,* a popular open-air stage. Complete their conversation with the proper forms of *lassen.*

1. **Rolf:**   Es ist schon Viertel nach sieben, und das Stück beginnt um acht.

   Frank: Ja. _____ uns gehen!

2. **Rolf:**   Erinnerst du dich an das Problem, das wir letztes Jahr hatten, als wir dahinfahren wollten?

   Frank: Ach ja. Meine Batterie war leer, und wir mußten einen Mechaniker

   kommen _____.

3. **Rolf:**   Was suchst du denn?

   Frank: Weißt du, wo ich meine Autoschlüssel _____ habe?

4. **Rolf:**   Vielleicht hast du sie wieder auf deinem Schreibtisch

   liegen _____.

   Frank: Leider nicht. Ich habe überall gesucht.

5. **Rolf:**   _____ mich dir wieder helfen! Ich habe sie gestern und vorgestern gefunden.

   Frank: Wie wäre es, wenn ich mir einige extra Schlüssel machen _____?

B. Gespräche um Mitternacht.   Prison guard Hauff reports to Director Hutter that he has observed something suspicious. Complete the report by expanding the cues to full sentences. Tenses are indicated.

1. **Hutter:**   Was haben Sie gesehen?

   Hauff: _____
   ich / sehen / sprechen / Finger-Wimmi / um Mitternacht im Hof (*present perfect*)

2. **Hutter:**   Mit wem hat er denn gesprochen?

   Hauff: _____
   ich / können / sehen / das / leider nicht (*present perfect*)

3. **Hutter:** Wissen Sie, was er gesagt hat?

   Hauff: _____

   ich / hören / reden / er / leider auch nicht (*present perfect*)

4. **Hutter:** Was ist nachher passiert?

   Hauff: _____

   ich / sehen / weglaufen / die andere Person (*present perfect*)

5. **Hutter:** Was wollen Sie jetzt machen?

   Hauff: Im Moment nichts. _____

   _____

   vielleicht / ich / sehen / sprechen / er / wieder um Mitternacht (*present*)

   _____

   dann / können / entscheiden / wir (*present*)

C. Die Berliner Philharmonie. Kerstin and Theo make plans to attend a concert. Convert the two given sentences in each exchange into one longer sentence containing a dependent infinitive.

▶ **Theo:** Willst du ins Konzert gehen? Hast du Lust?
Kerstin: Ja, ich habe Lust, *ins Konzert zu gehen.*

1. **Kerstin:** Mußt du unsere Karten heute nachmittag bestellen? Ist es nötig?

   Theo: Ja, es ist nötig, _____

2. **Theo:** Könntest du die Karten abholen? Hättest du Zeit?

   Kerstin: Ja, ich hätte Zeit, _____

3. **Theo:** Sollen wir ein Taxi nehmen? Es wäre einfacher.

   Kerstin: Ja, es wäre einfacher, _____

4. **Kerstin:** Ach nein! Fahren wir mit dem Bus! Es ist doch viel billiger.

   Theo: Ja, es ist viel billiger, _____

5. **Kerstin:** Kann man nach dem Konzert mit dem Dirigenten (*conductor*) sprechen? Ist es möglich?

   Theo: Vielleicht ist es möglich, _____

   _____

D. Schöne Stimmen? You have been asked to organize a group of students to sing at a community *Oktoberfest,* and have asked friends for advice on others' musical abilities. Summarize their opinions by using modal verbs subjectively. Select the appropriate verb.

▶ Gisa ist wahrscheinlich musikalisch. (will, dürfte)
—Du willst also sagen, sie *dürfte* musikalisch sein.

1. Ich bin sicher, daß Herbert musikalisch ist. (soll, muß)

   —Du willst also sagen, er _____ musikalisch sein.

2. Es ist wohl möglich, daß Michael musikalisch ist, aber ich bin nicht sicher. (könnte, müßte)

   —Du willst also sagen, er _____ musikalisch sein.

3. Ich habe gehört, daß Karin musikalisch ist, aber ich habe sie selbst nie singen hören. (will, soll)

   —Du willst also sagen, sie _____ musikalisch sein.

4. Steffie sagt immer, daß sie eine gute Stimme hat, aber das kann ich nicht glauben. (will, dürfte)

   —Du willst also sagen, sie _____ musikalisch sein.

5. Peters Eltern sind sehr musikalisch. Es ist wahrscheinlich, daß er auch musikalisch ist, aber er ist faul. (kann, mag)

   —Du willst also sagen, er _____ musikalisch sein, aber er ist faul.

© 1983 by Houghton Mifflin Co.